小学生からの

ロジカル
シンキング

学習塾ロジム塾長
苅野 進
Karino Shin

小学生でも東大入試問題が解ける!?

　本書は、学習塾ロジムで小学生が受講している「ロジカルシンキング」の授業で取り上げられた問題を集めたものです。

　学習塾ロジムは、小学生向けに「ロジカルシンキング」を指導する日本で最初の塾として、2004年に設立されました。現在、都内2教室で、200名程度の生徒が学んでいます。

　「ロジカルシンキング」という言葉が日本のビジネスマンのあいだで一般的になり始めたのは、10年ほど前からです。世界基準のビジネスの現場で、未知の問題を解決していくための必須の「技術」として、外資系企業、特に経営コンサルティング会社に勤務する人々によって紹介されました。それ以来、書店には多くのロジカルシンキング本が並ぶようになりました。そこでは、「MECE」「ロジックツリー」「3C分析」「SWOT分析」「Pros/Cons」など、さまざまな欧米流の思考技術が指南され、人気を博しています。

　当時、経営コンサルティング会社に勤務していた私は、企業の経営課題解決に取り組むだけでなく、人材育成の一環として「ロジカルシンキング」の指導も担当していました。クライアント企業の若手や将来の幹部候補の方々が対象です。そのなかで私が実感したのは、「ロジカルシンキング」の習得は、大人になってからでは遅い

のではないか、ということです。

　日本の学校教育を受けて育った私たちは、ともすると形式を踏襲することに気が行きすぎて、中身を考えることができない。また、形式さえ整っていれば、あたかも中身までが充実しているかのように錯覚する。問題を「ロジカルシンキング」のフォーマットに当てはめて安心してしまい、何のためにそうするのかという目的を忘れてしまうのです。皆さんの周りにもこんな、形式におぼれてしまっている人々がいるのではないでしょうか。

　ロジムの場合、入塾説明会には、実際に働いている保護者の方、特にお父さんに連れられてくるお子さんが多い。これは、現在のビジネス環境において「ロジカルシンキング」は欠くことのできない素養となっていること、そして、それにもかかわらず、多くの人がその本質を理解できていない、そんな現実を日々、職場で目にしていることも一因でしょう。

　私は、現在の「ロジカルシンキング」の流行はマスコミの一時的な煽りによるものではないと考えています。世界に類を見ないほど充実している小・中・高のカリキュラムを経たにもかかわらず、大学や社会でぶつかる壁。誰もが、これまで学んだものとは違う能力が問われていることに気づき、その答えの1つとして「ロジカルシンキング」に光明を見いだしているのだと思います。

　ちょっと次ページの例題を見てください。

例題1： まだ使えるものが、近頃はどうして捨てられるようになったのだろうか。ものを使う側と作る側のそれぞれの事情を考えて説明しなさい。

例題2： 虫を食べることで知られるトウギョという魚がいる。トウギョをガラスの水槽で飼育して、次のような実験を行った。よく読んで、各設問に答えなさい。

　水槽の片隅に餌を食べられる場所をつくり、その背後（水槽の外）に回転する円板を取り付けた。円板は灰色のもの（円板A）と、白と黒にぬり分けられたもの（円板B）を用いた（図1）。円板Aが回転しているときは、トウギョに自由に餌を食べさせたが、円板Bがゆっくり回っているときにトウギョが餌を食べようとすると、頭を軽くたたいた。すると、トウギョは円板Bが回転しているときには、餌に近づかなくなった。
　また、円板Bを次第に速く回転させると、人間の観察者には円板Aと区別できなくなったが、トウギョはやはり餌に近づかなかった。(ア) しかし、さらに速く回転させると、トウギョは餌に近づこうとした。

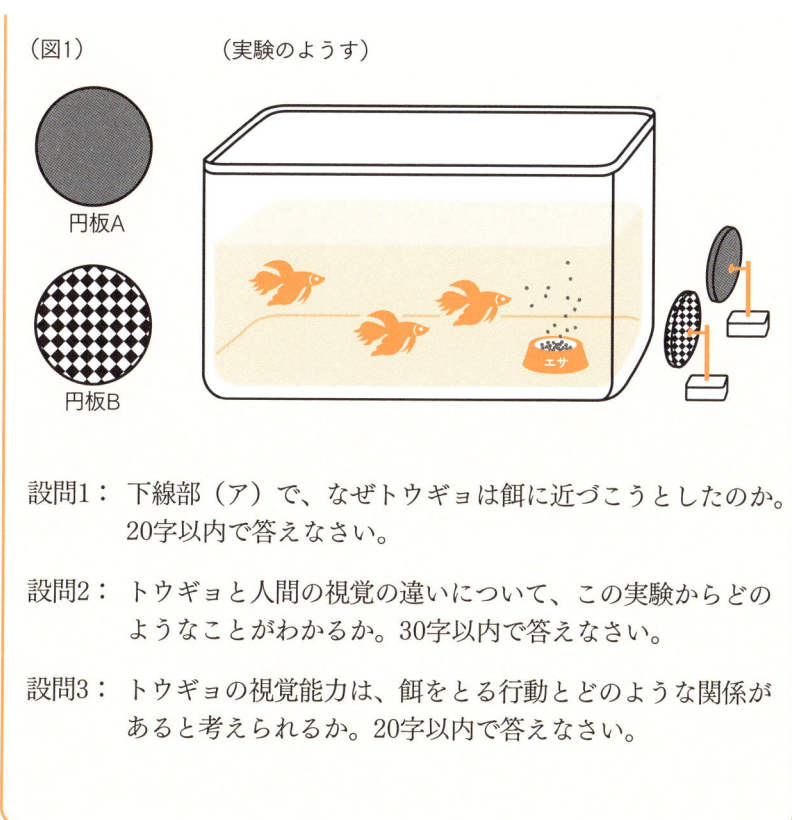

（図1）　　　　　　　（実験のようす）

円板A

円板B

設問1：　下線部（ア）で、なぜトウギョは餌に近づこうとしたのか。
　　　　　20字以内で答えなさい。

設問2：　トウギョと人間の視覚の違いについて、この実験からどの
　　　　　ようなことがわかるか。30字以内で答えなさい。

設問3：　トウギョの視覚能力は、餌をとる行動とどのような関係が
　　　　　あると考えられるか。20字以内で答えなさい。

　例題1は、麻布中学校の社会科の入試過去問題です。時間制限の
ある試験ですから、画期的な意見を評価しようというものではあり
ません。主張とその根拠が明確かつ簡潔に示されているか、矛盾は
ないかという点が評価されるのです。このように中学校での学びに
さえ、論理的に考えて書く能力が必要だと感じている先生は少なく
ないのです。

例題2は、東京大学の生物の入試過去問題です。ロジムの教室では小学生が解くものですが、実際、十分に解答可能です。基本的な「情報を比較する力」が問われています。このレベルの問題が、東大入試においてさえ、差をつけるのに十分なものになってしまうということは、いかにこれまでの学校教育でこういった能力が鍛えられておらず、また意図的に育成しないと伸びないものなのかということを示していると言えるでしょう。

「論理的思考力」はもはや、「読み書き、そろばん」と同様に、社会で生きていくために最低限必要な基礎能力の1つだと考えるべきなのです。

　ロジムのロジカルシンキングの授業の目標は2つです。

1. 与えられた雑多な情報を整理して読み解く

2. 相手に自分の伝えたいことを正確に伝える

　子どもたちは、身近な話題や各教科の問題を題材に作成された課題に対し、作業・発表・討論をくり返していくことでこれらの力を身につけていきます。本書では、教室で扱われるテーマのなかから、大人の方でもすぐに使えるものをステップアップ方式で配してあります。各章扉には、ロジムでの相当学年を記しておきました。どうか肩の力を抜いて挑戦してみてください。

　最後に一言。ロジムの教室にはルールがあります。それは、「知らない」と言って立ち止まらないことです。知らなくて当たり前、間違えて当たり前の題材です。まずは、ぶつかっていくことを通して、何よりも大切な「知らない問題に直面したときに、試行錯誤しながら前進する姿勢」を身につけて欲しいと願っているのです。大人の皆さんにも、ぜひ同じルールで取り組んでいただきたいと思います。

本書の読み方

　本書は、全5章で構成されています。

　各章冒頭には、その章で学びたい内容や心がけていただきたいことが「Point」として説明されています。必ずここから読み始めてください。

「Step」はメインとなる演習で、各章2問から3問の問題が用意されています。解答・解説を読む前に、できるだけ自分の答えを作ってみてください。最初は時間をかけずに、直感で考えてかまいません。「論理的な考え」は、聞いたり読んだりする分には決して難しくはなく、むしろ「当たり前」と思えるものですが、いざ自分で話したり書いたりしようとすると、難しいものなのです。

　各章の最後には、「Next Step」として応用問題を用意しました。その章で学んだ内容をより高度なレベルで使いこなす練習です。腕試しのつもりで挑戦してみてください。解答はまとめて巻末に載せてあります。

Contents

第1章 前進しながら考える──仮説を構築する力（小学校2、3年）

第2章 問題を把握する──分類・分解する力（小学校4、5年）

第5章 情報を整理して提示する──効果的に伝える力（小学校6年）

第1章

前進しながら考える

仮説を構築する力
（小学校2、3年）

Point

問題に立ち向かう
「姿勢」を身につけよう

　日本人が最も苦手とする部分からスタートです。

　これまで見たこともない問題に出会ったとき、あなたはどのような行動をとりますか？　まわりの人に聞いてみたり、インターネットで調べたりするでしょうか。それが有名な問題ならば、どんぴしゃりの解決策を発見できるかもしれません。しかし実際には、まったく同じ問題には出会えなかったり、そもそも調べる時間がなかったり、ということも少なくないでしょう。

　そんな状況でも、「知りません」と立ち止まることなく、つまり思考停止せずに前進していく、それがこの章のねらいです。

　まず意識するべきポイントは、「いきなり正解を出す必要などない」ということです。100パーセントの確信はなくとも、とりあえずの根拠（仮説）を持って、答えを出してみてください。その答えは、たとえ完全な正解ではなかったとしても、現実に当てはめて正しく検証していけば、「どの部分が誤りだったのか」が明らかになり、解決すべき課題がより小さく、より明確になって、さらなる前進につながるのです。

　では、早速問題に取り組んでいきましょう。

　次ページのStep1は、それ以降の問題とはやや違って、一見、知識を問うような出題形式となっていますが、本書を読み進める上でとても重要なウォーミングアップを兼ねています。問題を解くというと、既習事項の範囲でしか考えられない日本人は、すぐに「知らない」と立ち止まってしまいがちですが、現実社会でぶつかるのは、ほとんどが見たこともない問題ばかりなのです。まずは自分なりの解答を作り上げてください。

ももの生産量第2位の県を探せ!

> 果物の生産がさかんな4つの県に関する説明を読んだあと、さらにヒント資料を読んで、ももの生産量が全国第2位の県を(ア)〜(ウ)のなかから1つ選び、記号で答えてください

青森県——

- 青森県は、りんごの生産量が全国第1位です。
- 青森県には、自然豊かな山々に囲まれた「盆地」と呼ばれる地形が見られます。
- 日によっては、全国でも最高・最低の気温を記録するなど、暑さと寒さの差がはっきりしています。

山形県——

- 山形県は、さくらんぼの生産量が全国第1位です。
- 最上川下流の庄内平野は、江戸時代からお米の生産がさかんです。
- 山形盆地では、さくらんぼ、ぶどう、りんご、洋なしなどが作られています。

山梨県──

◦ 山梨県は、ももの生産量が全国第1位です。

◦ 県庁のある甲府市は、甲府盆地の中心に位置しているので、夏と冬、昼と夜の温度差が大きくなっています。

◦ 甲府盆地には、川が山から平野に流れ出るときにできる「扇状地」と呼ばれる地形が見られ、そこでは、ぶどうやももなどの果物がよく育てられています。

長野県──

◦ 長野県は、りんごの生産量が全国第2位です。

◦ 長野県は海に面していません。長野盆地や松本盆地は、比較的湿度が低く、最高気温と最低気温の差が大きい典型的な「内陸性気候」です。

◦ 長野県は、りんごのほかにも、ぶどうや洋なしの生産量も全国第2位です。

（ア）福島県

○ 福島盆地で農業がさかん。阿武隈高地で牛乳や食用のために牛が育てられています。

○ 漆器の会津塗などの伝統工業、郡山で化学・せんい工業がさかんです。

○ 太平洋岸に原子力発電所が集中しています。

（イ）長崎県

○ 海岸はギザギザのリアス式海岸です。

○ 雲仙（普賢岳）の噴火で、大きな被害を受けました。

○ 大村湾で真珠、有明海でのりを育てるのがさかんです。

○ 長崎、佐世保では船をさかんに造っています。

（ウ）埼玉県

○ 東京に通勤・通学する人が多く住み、人口が増加し続けています。

○ 狭山、川越などで、機械造りが発達しました。

○ 武蔵の台地は畑作が中心です。

答えは

Step 1：解答

（ア）福島県

解　説

　まさか、インターネットで調べた方はいらっしゃらないでしょうね。おそらく、資料のどこかに「ヒント」が隠れていないかと、詳細に読み込んでいただいたかと思います。その姿勢こそが、この問題で身につけていただきたいものです。

　果物の生産がさかんな4つの県についての情報が与えられていますから、まずはそれらを整理してみましょう。

　いずれも自然条件についての記述です。これらの情報から、ももの生産がさかんな県へとつながる「論理を作ること」が目標です。

　正解にたどり着いた方は、共通点として「盆地」というキーワードがあることに気づかれたと思います。そして、ヒント資料を見てみると、福島県に関する説明のなかに「福島盆地で農業がさかん」という記述があります。

　果物の生産がさかんな県には、地形について共通項があるのでは、という仮説に立って考えれば、3つの選択肢のなかで、福島県が最も確率が高そうだという結論に至るのです。

ロジムの教室では、果物の生産がさかんな県として、「青森」「山形」「山梨」「長野」があげられていることから、雪が多く降る県ではないかという仮説に基づいて、福島県と答えた生徒もいました。

　また、高級なイメージのあるもも、さらにワインが山梨で作られているのは、お金持ちがたくさん住んでいる東京に近いから。だから、ももの生産量第2位は、選択肢のなかで最も東京に近い埼玉県という説を発表してくれた生徒もいました。

　ここで大切なのは正解、不正解ではありません。今回のように、答えが用意されている問題では、限られた情報で導いた答えの正誤はすぐに判明しますが、現実にはそうはいきません。身の回りで発生するあらかじめ答えが用意されていないさまざまな問題に対しては、立ちすくんでしまうことなく、「その説は違う」という情報を基に軌道修正し、前進しつづけていくことに大きな価値があります。

　限られた情報のなかで仮説を立てて前進し、誤ったとしても検証できる機会を得たと考えるのです。エジソンは、「私は失敗していない。うまくいかない方法を1万通り発見したのだ」と言っています。

　次の問題から、いよいよ具体的な技術のお話です。自分の仮説をいかに検証し、前進に活かしていくかを学んでいきましょう。

マラソンの効果的練習方法は?

> ロジ男くんは、マラソンを速く走れるようになるために、(ア)〜 (オ)の5つの練習方法をためしてみました。

(ア)　新しいシューズで、水を飲みながら、いつもより長く練習しました。

(イ)　新しいシューズで、いつもと同じ時間だけ練習しました。水は飲みました。

(ウ)　いつもより長く、お気に入りのシューズで練習しました。水は飲みませんでした。

(エ)　お気に入りのシューズで、練習中に水を飲み、時間はいつもと同じだけ練習しました。

(オ)　新しいシューズで、練習中は水を飲まずに、いつもと同じ時間だけ練習しました。

> すると、(ア)と (エ)の練習のあとで、記録がよくなりました。
> 　この結果から、次の1〜3の3つのことがわかります。それぞれ必要か必要でないか、正しいほうに○をつけ、( )のなかにア〜オの記号を入れてください。

1. マラソンの記録をよくするための練習では、
   新しいシューズで走ることは（<u>必要</u>・<u>必要ではない</u>）。
   それは、（　　　）と（　　　）をくらべるとわかる。

2. マラソンの記録をよくするための練習では、
   いつもより長い時間練習をすることは（<u>必要</u>・<u>必要ではない</u>）。
   それは、（　　　）と（　　　）をくらべるとわかる。

3. マラソンの記録をよくするための練習では、
   水を飲むことは（<u>必要</u>・<u>必要ではない</u>）。
   それは、（　　　）と（　　　）をくらべるとわかる。

1. マラソンの記録をよくするための練習では、
新しいシューズで走ることは（必要　**必要ではない**）。
それは、（**イ**）と（**エ**）をくらべるとわかる。

2. マラソンの記録をよくするための練習では、
いつもより長い時間練習をすることは（**必要**　必要ではない）。
それは、（**ア**）と（**イ**）をくらべるとわかる。

3. マラソンの記録をよくするための練習では、
水を飲むことは（必要　**必要ではない**）。
それは、（**イ**）と（**オ**）をくらべるとわかる。

解 説

　Step2は、仮説の確かめ方についての問題です。最も大切なのは、「調べたいこと以外の条件を同じにする」ことです。実験において最も基本的なことですが、意識しないと見落としがちですし、巷には、その点が意図的に操作されて結果として公表されているものも少なくありません。

　仮説の検証結果である問題文から読み取れる情報を、表で整理してみましょう。

表1

	シューズ		練習時間		水		結果
	お気に入り	新しい	同じ	長い	飲む	飲まない	
練習ア		○		○	○		◎
練習イ		○	○		○		
練習ウ	○			○		○	
練習エ	○		○		○		◎
練習オ		○	○			○	

1では、「お気に入りのシューズ」と「新しいシューズ」の効果を調べたいので、それ以外の条件（練習時間と水）については同じものをくらべます。よって、練習イとエをくらべるのです。お気に入りのシューズをはいている練習エで記録が伸びているので、「新しいシューズ」は必要ないことがわかります。

2では、「いつもと同じ時間の練習」と「いつもより長い時間の練習」の効果を調べます。アとイは、時間以外の条件（シューズと水）は同じですので、この2つを比べます。いつもより長い時間練習した練習アで記録が伸びているので、「いつもより長い時間の練習」は必要であるとわかります。

3では、「練習中に水を飲む」ことと「練習中に水を飲まない」ことの効果を調べます。イとオはともに、水以外の条件（シューズと練習時間）は同じなので、この2つをくらべます。イもオも記録は伸びていないので、水を飲むかどうかは記録の伸びに関係がない、つまり必要でないことがわかります。

仮説の検証においては、「こうなって欲しい」という希望も影響して、ほかの条件に関する精査がおろそかになってしまうことが少なくありません。また、意図的にほかの条件が隠されて、結果が示されているということもあります。

　たとえば、「Aという薬とBという薬を飲んでいる患者を比較した結果、Aという薬を飲んでいる患者のほうがある病気にかかる率が低かった。よってAという薬のほうが、Bという薬よりもこの病気に対して効果がある」といった話では、AとBという薬以外の条件の違いにより、表面上の確率は動いてしまいますし、動かすことができてしまいます。

　表にするなど、客観的な判断がしやすいように情報を整理しましょう。その際、結果に影響を与えうる条件を見落とさないように注意することも大切です。

Step 3　　検証方法を考える

赤ちゃんゴリラはなぜ隠れる?

> ロジム動物園で、以下のように条件を少しずつ変えた5つの実験を行いました。すると、その観察結果は次のようになりました。

観察結果（1）：生まれたばかりのチンパンジーに、ヒョウのはくせいを見せるとすぐに小屋のなかに隠れた。

観察結果（2）：生まれたばかりのゴリラに、ヒョウのはくせいを見せても小屋のなかには隠れなかった。

観察結果（3）：親のゴリラと一緒にいる生まれたばかりのゴリラは、ヒョウのはくせいを見せると親の出す鳴き声を聞いて小屋のなかに隠れた。

観察結果（4）：親のゴリラと一緒にいる生まれたばかりのゴリラは、ヒョウのはくせいを見せると親の出す鳴き声を聞いて小屋のなかに隠れるが、これを10日間くり返すと、ヒョウのはくせいを見ただけで小屋のなかに隠れるようになった。

観察結果（5）：

_____

_____

この5つの観察結果から、次のような結論が導き出されました。

結論：生まれたばかりのゴリラが、ヒョウのはくせいを見せられて
小屋のなかに隠れる行動は、親の出す鳴き声によって指導さ
れ学んだものではない。

このような結論になったのは、観察結果（5）がどのようなもの
だったからでしょうか。考えて、空欄に記入してください。

Step 3：解答

　生まれたばかりのゴリラに、親の鳴き声が聞こえない状態のまま
ヒョウのはくせいを10日間くり返し見せ続けると、小屋のなかに隠
れるようになった。

解 説

まず、観察結果（1）〜（4）を表にまとめてみましょう。

表2

	チンパンジー	ゴリラ		
観察結果	（1）	（2）	（3）	（4）
ヒョウのはくせい	○	○	○	○
親の鳴き声	✕	✕	○	○
10日間のくり返し	✕	✕	✕	○
結果（隠れたか？）	◎	✕	◎	◎

　結論がゴリラに関するものですから、まず、チンパンジーについ
ての観察である（1）は無視できます。
　そして、得られた結論の要点は、「小屋のなかに隠れる行動は、
親の出す鳴き声によって指導され学んだものではない」、つまり、
「親の鳴き声がなくても隠れた」というものですから、次ページ表
3に示したように観察結果（5）は、「親の鳴き声」については✕、「結
果」は◎だということがわかります。

表3

観察結果	ゴリラ			
	(2)	(3)	(4)	(5)
ヒョウのはくせい	◯	◯	◯	
親の鳴き声	✕	◯	◯	✕
10日間のくり返し	✕	✕	◯	
結果（隠れたか？）	✕	◎	◎	◎

　（5）でわかった結論は、「親の鳴き声」が◯でも✕でも「結果」は◎だということですから、（5）は「親の鳴き声」以外の条件はまったく同じで結果が◎だった観察結果と比較したということがわかります。

　（2）〜（4）で「親の鳴き声」が◯で「結果」が◎なのは（3）と（4）です。

　（3）と比較して「親の鳴き声」の影響を判断しようとすると、（5）の「ヒョウのはくせいを見せる」を◯、「10日間のくり返し」を✕にする必要があります。しかし、この条件設定はすでに（2）で結果が✕だと判明しています。

　したがって、（5）と比較対照したのは（3）ではなく（4）である、つまり（5）は、次ページの表4に示したとおり、「親の鳴き声」以外は（4）と同じ条件だったことがわかります。

表4

観察結果	ゴリラ			
	(2)	(3)	(4)	(5)
ヒョウのはくせい	◯	◯	◯	◯
親の鳴き声	✕	◯	◯	✕
10日間のくり返し	✕	✕	◯	◯
結果（隠れたか?）	✕	◎	◎	◎

　以上により、（5）は、「ヒョウのはくせいを10日間くり返し見せ続けたら、親の鳴き声がなくても小屋のなかに隠れるようになった」という観察結果だったことがわかります。

この章のまとめ

　さまざまな分野でブレイクスルーを達成した人たちも、多くの場合、まったくの独創ではなく、何かにそのヒントを得ています。同じ分野の先人からだけでなく、まったく関係のない分野、たとえばアスリートが歴史、哲学などの分野から、自身の置かれているのと似た状況を読み取ったりしています。

　人間は、何の根拠もない手段に対して臆病になってしまいます。さまざまなもののなかに似た状況を読み取ろうとする姿勢は、前進する自信を与えてくれる大切な基本です。

　注意すべきは、類推とは「決定的な答え」を探すことではないということです。実社会では、まったく同じ問題と答えを探そうとしても、そんなものは存在しないことがほとんどでしょう。したがって、あくまで似た前例を参考にして、修正しながら前進していくことが大切なのです。

　普段から、時間の許す限り多くの仮説を用意する習慣をつけておきましょう。仮説を確かめることができる場面というのは限られています。仮説Aが誤りだと判明したときに、すぐに次の仮説Bを検証できる準備をしておくことが、より早くゴールに近づく道です。

→ Next Step

　大都市近郊のロジ市の小学校では、最近、1クラスの人数が増えすぎて先生の目が生徒一人ひとりに行き届かないという問題がおきています。これは、人口が増えすぎていることと、小学校の数が足りないことの2つが原因です。

　この問題を解決するための方法として、人口を減らすという案があります。しかし、人口を減らすと、町の活気が失われてしまいます。そもそも、小学校の数が十分であれば、今回の問題は発生していないのですから、小学校の数を増やすことを考えるべきであって、人口を減らす必要はありません。

> 　上の主張に対する論理的な反対意見として、ふさわしくないものを下の（ア）～（オ）のなかから1つ選んでください。

（ア）　小学校の数を増やすにはお金がかかる。

（イ）　人口が増えても子どもの数が増えなければよいので、人口抑制によって町の活気が失われるということはない。

（ウ）　ロジ市に土地は余っていないので、小学校を増やすのは無理である。

（エ）　人口を抑えつつ、小学校を増やすことは可能である。

（オ）　1クラスの人数が多すぎると、教育の質を低下させ、将来に大きな問題を残すことになる。したがって人口を減らすべきである。

答え：

解答は109ページを参照。

問題を把握する

分類・分解する力
（小学校4、5年）

情報は理解しやすく 「整理」しよう

　第2章では、「読む」「聞く」「話す」の基本を学びます。それは、話題を構成している要素を正確に把握し、情報の重要度を理解し、モレなくダブりなく整理することです。これは「読む」「聞く」だけでなく、自分が「話す」ときにも重要です。

「話がうまくない」「うまく伝わらない」というときは、だいたいが自分でも話す内容についてきちんと理解していないことが多いのです。理解しやすい情報とは、理解しやすい形に整理されている情報のことです。

　たとえば、小学生の教室で「好きな食べ物」のアンケートをとると、スパゲティー、ラーメン、中華料理、カレー、お寿司、ハンバーグ、塩ラーメン、チキンカレー、てんぷら……などと、ランダムな形で情報が集まってきます。

　これらの情報のなかには、同列には並べられないものも含まれています（たとえば、中華料理のなかにラーメンが、またラーメンのなかにしょうゆラーメンが含まれます）ので、次ページの図のようにまとめるとわかりやすくなります。

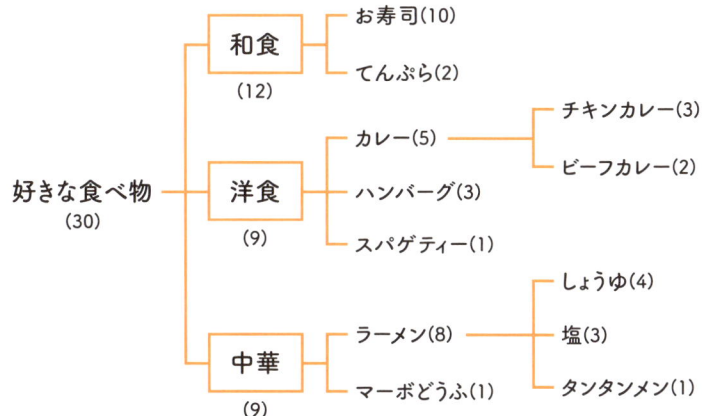

　30人の回答を大きく３つ（和食・洋食・中華）に分けています。図には票数も書き込んでありますが、このようにまとめておくと、議論の資料として扱いやすくなることは明らかですね。

　この章では、情報整理術の基本を学んでいきましょう。

ロジ子のやるべきこと

　下のロジ子ちゃんのつぶやきを読んで、2つの質問に答えてください。

ロジ子：「あー、今日はやらなきゃいけないことがいっぱいあるなあ。北海道に住んでいるおばあちゃんから届いたお手紙にお返事を書かなければならないし、お手伝いだってすることがいっぱいあるわ。夕ごはんの用意を手伝うのは楽しくて好きだけど、お皿を洗うのはあんまり好きじゃないのよね。お風呂のおそうじも腕がつかれちゃうし。そう考えると、今日の宿題はわりと好きなのばっかりだから、先にやってしまおうかな。あ、でも星座の観察はどっちにしても夜までおあずけよね。よし、じゃあ、漢字の書き取りと計算ドリルは今やっちゃおう。そういえば、おととい転校していっちゃった友だちのロジ美ちゃんにもお手紙を書かなくっちゃ。3日に一度はお手紙を書くって約束したんだもん。元気にしているかな……。」

質問1： ロジ子ちゃんが今日やらなくてはいけないことはいくつありますか?

質問2： 質問1であげたロジ子ちゃんが今日やらなくてはいけないことは、いくつのグループに分けられますか?

Step 4：解答

質問1：8つ　質問2：3つ

> ### 解 説
>
> 質問1：
>
> 　文章に登場した順に
>
> ① おばあちゃんに返事の手紙
> ② 夕ごはんの用意
> ③ お皿洗い
> ④ お風呂そうじ
> ⑤ 星座の観察の宿題
> ⑥ 漢字の書き取りの宿題
> ⑦ 計算ドリルの宿題
> ⑧ ロジ美ちゃんへの手紙
>
> の8つです。
>
> 　とても簡単な問題に思えますが、最初に文章を読んだときと比べて、このように項目を書き出すとチェックリストとしても役立ちますし、なによりその量について具体的なイメージをつかむことができます。

質問2：

　質問1で把握した8つの項目について、より扱いやすくするための整理をしてみましょう。

　8つの「やるべきこと」は大きく3つに分けられます。それは、

I. 手紙を書く（①、⑧）
II. 手伝いをする（②、③、④）
III. 宿題をする（⑤、⑥、⑦）

です。図に整理してみると次のようになります。

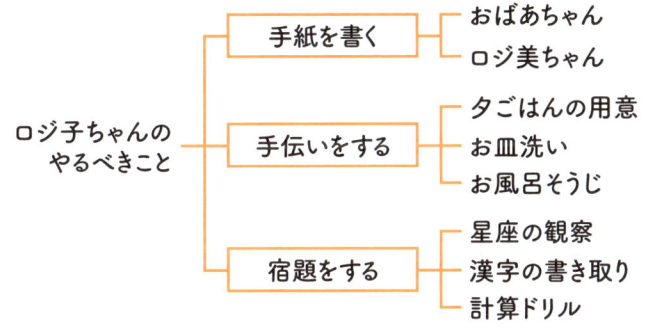

　もちろんほかにも、I. 家に関すること（①、②、③、④）、II. 学校に関すること（⑤、⑥、⑦、⑧）などの分け方も考えられます。

　まとめられ整理された情報は、自分にとっても、伝えられた相手にとっても記憶に残りやすいものです。「覚える」労力を省き、その分の力を「打ち手を考える」ことに向けられるのが、最も大きな効果と言えるでしょう。

お小遣い3,000円を貯める方法

　ロジ子ちゃんは週に1回お父さんの車を洗うお手伝いをして、300円のお小遣いをもらっています。もらったお小遣いで大好きなアイスクリームを買うのが楽しみです。

　ある日、ロジ子ちゃんは学校で、大好きなアーティストが来月、新しいCDを出すという話を聞きました。でもそのCDは3,000円もします。このCDを買うために、ロジ子ちゃんはどのようにお金を貯めればよいでしょうか。

質問1： 方法を6つあげてください。

1. _____
2. _____
3. _____
4. _____
5. _____
6. _____

質問2： 質問1であげた方法をグループに分けてください。

_____

_____

_____

Step 5：解答

質問1：

- 車を洗う回数を増やす。
- お母さんにお小遣いをねだる。
- アイスクリームを買うのをやめる。
- お父さんに300円のお小遣いを500円に値上げしてもらう。
- お父さんの肩もみをしてお小遣いをもらう。
- お母さんに取りあげられたお年玉を返してもらう。
- おばあちゃんにお小遣いをもらう。
- アイスクリームをやめて安いガムにする。……etc.

質問2：

I. 今もらっているお小遣いを増やす方法

II. 新たにお小遣いをもらう方法

III.出費を減らす方法

解 説

質問1：

　この質問には、「これが正解」という絶対の答えがあるわけでは
ありません。解答として紹介したのは、すべて子どもたちが教室で
出してくれた答えです。もちろん、いずれも「正解」です。

質問2：

　質問1であげられた方法は、いずれも解答に示したI.〜III.のグループのどれかに分類できるはずです。皆さんの考えた方法が、それぞれのグループに少なくとも1つ含まれていれば、合格です。

　この問題では、課題を構成している「要素を把握する」ことを学びます。

　今回は、ロジ子ちゃんの所持金を3,000円にすることが目的です。所持金というのは、「収入−支出」です。さらに収入には、「既存の収入」と「新規の収入」があります。つまり所持金は、

　（既存の収入＋新規の収入）−支出

という式で表せます。これを大きくするには、式を構成する3つの項目のうち、2つの「収入」を増やし、一方、「支出」は減らすことを考えればよいのです。ロジ子ちゃんの場合、既存の収入は「洗車1回につき300円のお小遣い」、支出は「アイスクリーム代」です。

　なぜ、このように分解して考えるかというと、3,000円を貯めるという「最終目標」を目がけてただ漠然と考えるより、構成要素に分けた「中間目標」を設定したほうが、より効率的に具体策を導き出すことができるからです。

　また、これら3つの項目はそれぞれに難易度が異なるはずなので、1つがダメでも、次の打ち手を考えやすいのです。

たとえば、「支出を減らす」ことだけを考えて、「アイスクリームをやめる」「アイスクリームをガムにする」などを列挙しても、結局ロジ子ちゃんは「アイスクリームはやめられない」という結論に至るかもしれません。そうすると、それまでに考えた方法はすべてボツですね。次の打ち手の候補もありません。

　でも、「支出を減らす」のと同時に、「既存の収入を増やす」方法や、また「新規の収入を得る」方法なども考えておけば、より難易度の低い打ち手にすぐに移行できるわけです。

　最後に、これまで説明したことを図にまとめておきましょう。

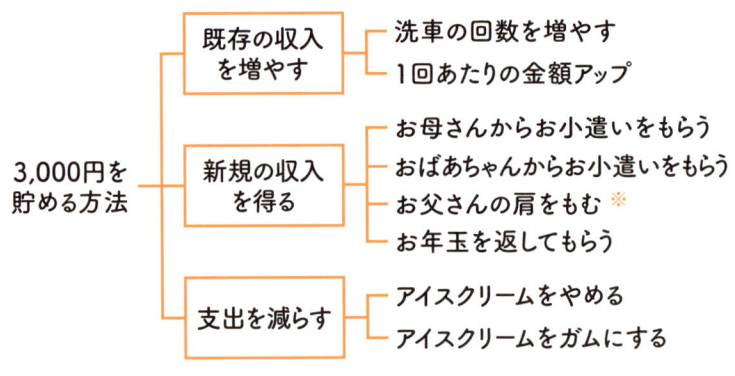

※「お父さん」という人物を「既存の収入源」と考えると、この項目は「既存の収入を増やす」に入れてもよい。

この章のまとめ

　問題解決のために選択したプランが壁にぶつかったとき、「どうやってその壁を乗り越えるか」を考えると同時に、「ほかにも問題を解決できるプランはないのか」を考えなくてはいけません。しかし実際は、最初に選択したプラン以外は見えなくなってしまっていたり、せっかく途中までやったのだから……という思いが邪魔をしたりします。第2章で学んだ「分解して整理する技術」は、そのような状況で冷静に自分の位置と進むべき道を確認できる地図を与えてくれるものです。

　Step5のような、「構成要素に分解する」というアプローチは、効率的かつ具体的な打ち手を考える上で必須の考え方です。ある結果を求められたときに、その結果を生み出す要素は何なのかを考えれば、より具体的な策を検討できるのです。

　常に「結果に影響を与える要素は何か」という視点で分解して考える習慣を身につけておけば、「意外な要素に大きな悪影響を受けた」とか、「他人が何倍も楽な方法で大きな成果をあげた」という状況に陥る危険性を下げられることは間違いありません。

　身の回りの数字（会社の売上げ、自分の貯蓄額、日本の食料自給率など）について、一度このように構成要素に分解して考えてみてください。思わぬ気づきがあるかもしれません。

→ Next Step

　ある公園で、池の雑草を駆除するのにカモを放し飼いすることに
しました。カモを10羽放つと、丸々10日で雑草がなくなるそうです。

では、同じ作業をカモ5羽では何日かかるでしょうか?

答え:

解答は110ページを参照。

第3章

正しく推論する

論理の穴に気づく力

（小学校4、5年）

主張を支える「理由」に着目しよう

「〜だと思います」という主張よりも、「……だから、〜だと思います」という主張のほうが「論理的である」と評価されます。「理由を付けて意見を述べる」ことが、論理的であるための条件だということについては、多くの方に同意していただけると思います。

では、「君は部屋のそうじをするべきだ。なぜなら、そうしないと雨が降るからだ」という主張はどうでしょうか。確かに理由を付けて「部屋のそうじをするべきだ」と主張していますが、その理由に妥当性を感じる人はいないでしょう。そうじをすることと雨が降ることのあいだには因果関係がないと多くの人が知っているからです。

第3章では、「理由」がテーマです。その理由は、主張を支えるのに十分かどうかを考える力を養います。

たとえば、「今日は晴れていて暑いから長袖を着よう」という主張について考えてみましょう。長袖を着る理由が「今日は晴れていて暑い」などというのは、東京の人には理解できません。よって、その理由は妥当ではないと判断されるでしょう。しかし、赤道直下

の灼熱の国に住んでいる人にとっては妥当です。

「今日は晴れている」→「非常に強い太陽の光でやけどをする危険性がある」→「長袖を着て直接太陽の光を浴びるのを防ぐ」というつながりです。このように示されれば、東京の人にも「なるほど! 妥当な理由だ（＝論理的な主張だ）」と思っていただけるでしょう。

　2つめの「非常に強い太陽の光でやけどをする危険性がある」という文が、「今日は晴れていて暑いから長袖を着よう」という主張を論理的なものにする上で重要な役割を担っていることがわかります。つまり、「論理的である」という評価は、絶対的なものではないのです。ある人には自明である事柄が、ほかの人にとっては自明ではないということがありうるからです。だから、相手のことを考えて、必要な情報をできる限り不足なく提示してあげることが大切です。

　では、「FCバルセロナのファンはみんなバルセロナ市民だ。なぜなら、バルセロナ市民はみんなFCバルセロナのファンだからだ」というのはどうでしょうか。日本にもFCバルセロナ・ファンがいるという例外はすぐに見つかるので妥当ではないでしょう。

　最初にあげたそうじの例のように、「そもそも因果関係がない」ものは論外ですが、ほかにも「言葉が足りないので妥当な理由だとは判断されない」や「例外が存在するのでそうとは言い切れない」など、理由に関する落とし穴は数多く存在します。

　100パーセント正しいかのような勢いで主張されているが、どうにも腑に落ちない——そういうとき、その理由をきちんと説明できるようになることを目指しましょう。

確実に正しいのはどれだろう?

> 次の5つの文章のうち、前半部分が正しいとすれば、下線部が確実に正しいと言えるものを選び、その番号を下の空欄に書いてください。

(1) 人間はいつか死ぬ。桃太郎は人間だ。それゆえ、<u>桃太郎はいつか死ぬ。</u>

(2) ○か×かを答える問題で、問1〜問99までの99問の答えはすべて○だった。だから、<u>問100の答えは○だ。</u>

(3) 話がうまい、計算が速い、じっくり考えられる、という3つの条件を満たす人は優秀な人だと言える。ロジ男くんは、話がうまくて、計算が速くて、じっくり物事を考えられる。だから、<u>ロジ男くんは優秀な人だ。</u>

(4) 犬はとても速く走る。ポチはとても速く走る。それゆえに、<u>ポチは犬である。</u>

(5) カレーが好きな人は全員ヨーグルトが好きだ。ロジムの先生はヨーグルトが好きだ。だから、<u>ロジムの先生はカレー好きだ。</u>

Step 6：解答

(1) と (3)

解 説

(1)　これは「三段論法」の基本です。三段論法とは、「AならばB、かつBならばC」であれば「AならばC」である、というものです。ここでは、

　　　A：桃太郎

　　　B：人間

　　　C：いつか死ぬ

となっており、BならばC、AならばBというのが前半部です。これは順番を入れ替えれば、AならばB、BならばCとなるので、これを根拠にすれば、「AならばC」、つまり「桃太郎はいつか死ぬ」ということは確実です。

(2)　ある問題の答えは、それ以前の問題の答えに左右されるものではありません。ですから、問1〜99の答えがすべて○だったからといって、問100の答えが○であることは確実だとは言い切れません。

　　ただ、それまでの答えがすべて○なのですから、次も○だろ

うという予想を立てたくなりますね。このようにして、事前の
情報を根拠にして、確実ではないけれども当てずっぽうでもな
く、次の結果を予想することを「帰納的に考える」と言います。
これは、仮説を立てるときに用いられる手法で、あらゆる自然
科学の世界では、このようにして結果を予測し、実験・計算で
後から確認を試みる作業が行われています。

(3)　三段論法の応用問題です。

　　　A：話がうまい

　　　B：計算が速い

　　　C：じっくり考えられる

　　　D：優秀

　　　E：ロジ男

　とすると、問題文は、

　　　（AかつBかつC）ならばD

　　　Eならば（AかつBかつC）

　となります。この順番を入れ替えれば、

　　　Eならば（AかつBかつC）

　　　（AかつBかつC）ならばD

　となり、ゆえに、

　　　EならばD

　つまり、「ロジ男は優秀である」と言えます。

(4)　ここでは、

　　　A：犬

　　　B：とても速く走る

　　　C：ポチ

とすると、AならばB、CならばB、よってCならばAという構成になっていますが、この論理は必ずしも成り立ちません。図にしてみましょう。

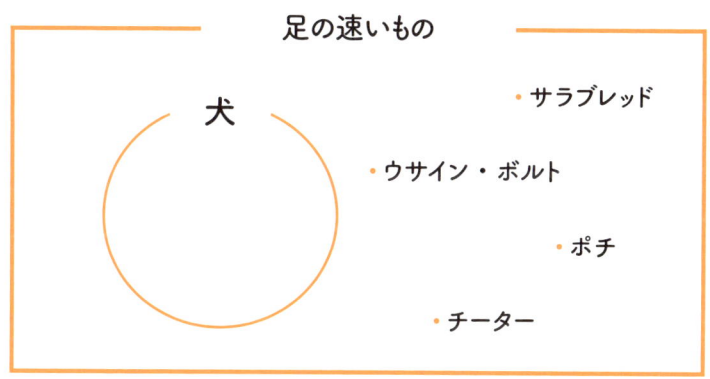

　大きな四角のなかに足の速いものがすべて含まれています。「犬」や「ポチ」も含まれています。しかし、この図のように、犬の集合のなかにポチが含まれていない可能性があるのです。一般的に「〜ならば」という言葉を「→」に置き換えて考えると、機械的に判断できます。AならばB、BならばCは、A→B、B→Cとなり、A→B→Cとつなげられます。よって、AならばC

は確実です。

　しかし、この問題では、A→B、C→Bとなっていますから、C→……→Aというようにつなげることができません。したがって、CならばAは確実だとは言えないのです。

(5)「カレーが好きな人は全員ヨーグルトが好き」を図にまとめてみましょう。

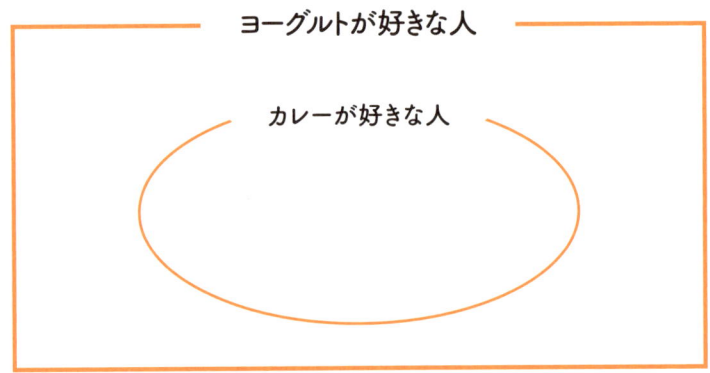

　「ロジムの先生はヨーグルトが好き」となっているので、「ロジムの先生」という集合は、「ヨーグルト好き」という大きな四角のなかに入ることは確かですが、どこに入るかはわかりません。

　もし次の図のようになると、ロジムの先生は全員ヨーグルトが好きで、かつ、カレーも好きとなります。

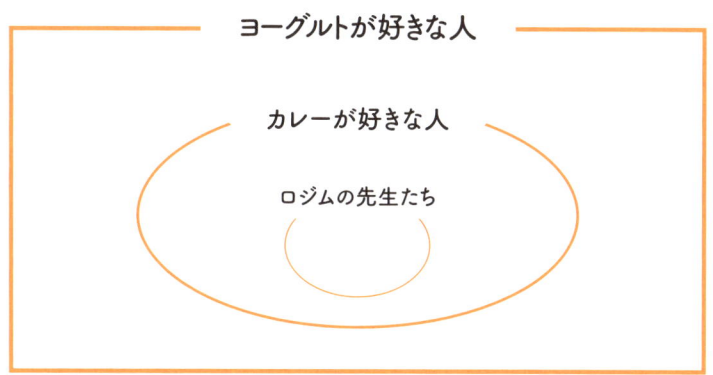

しかし、次の図のようになると、ロジムの先生は全員ヨーグルトが好きだが、そのうちカレーが好きな人も好きでない人もいることになります。

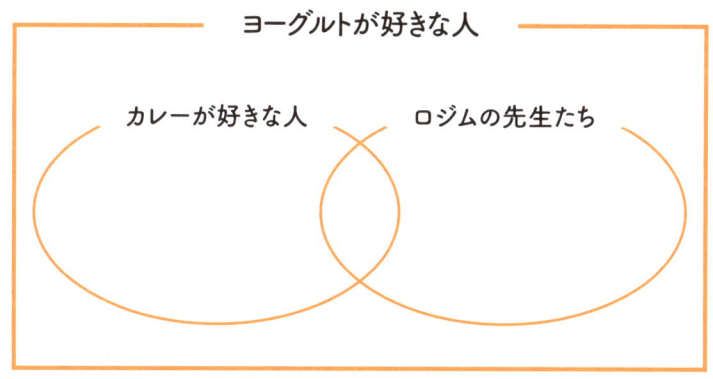

さらに、次の図のようになると、ロジムの先生は全員ヨーグ

ルトが好きだが、カレーは好きではないということになります。

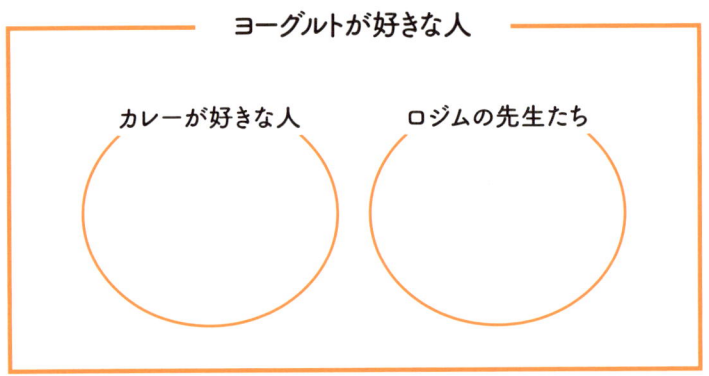

問題は、

A：カレーが好きな人

B：ヨーグルトが好き

C：ロジムの先生

とすると、A→B、C→BからC→Aが言えるかどうかを問うもので、これは矢印でつながらないので、確実だとは言えないのです。

Step 7　　　　論理の穴を見つける

ホウレンソウはなぜ甘い?

(1) 野菜は、気温が0℃以下になっても凍ってしまわないように、自分で努力をします。凍ってしまうと細胞がこわれて死んでしまうからです。

(2) 砂糖水は0℃以下になっても凍りません。それと同じように、野菜は凍らないために自分で糖分を増やします。

(3) 糖分を増やした野菜は、砂糖をまぶしたのではないかと思うほどの甘みがあります。

ですから、

(4) 甘いホウレンソウは、寒い冬を乗り越えた強い野菜なのです。

　上の文章で、(1)〜(3)の記述から(4)の結論を引き出すことは、必ずしも正しいとは言えません。その理由を考えて、下の空欄に書いてみましょう。

_____

_____

Step 7：解答

　ホウレンソウを甘くする方法は、寒い冬を乗り越えさせることに限られるわけではないので、甘いが寒い冬を乗り越えていないホウレンソウも考えられる。

解説

　問題の主張は、

　A：寒い冬を乗り越える

　B：糖分を増やす

　C：甘いホウレンソウになる

の3つの要素から成り立っています。

　（1）と（2）は、寒い冬を乗り越えるならば、野菜は糖分を増やす、という主張にまとめられます。つまり、

　A→B（AならばB）

です。

　（3）は、糖分を増やすと、ホウレンソウは甘くなる、という主張ですので、

　B→C（BならばC）

です。

　したがって三段論法で、AならばC、つまり、寒い冬を乗り越えたホウレンソウは甘いという主張は妥当なものになります。

　しかし、(4)は、甘いホウレンソウは、寒い冬を乗り越えたものである、と言っています。これは、「すべての」甘いホウレンソウは、寒い冬を乗り越えたものだという主張ですが、問題文のなかに、ほかに甘いホウレンソウを作る手段はないと書かれているわけではありません。たとえば、品種改良や肥料の工夫などによって甘くなったものである可能性は残されています。よって、最後の主張は常に正しいとは言い切れません。

　また、最後の主張は、

　C→A（CならばA）

ですので、これは、A→B、B→Cをつなげて作ることはできないことからも、機械的に判断可能です。

　問題文が成立しない状況を図にすると、以下のようになります。

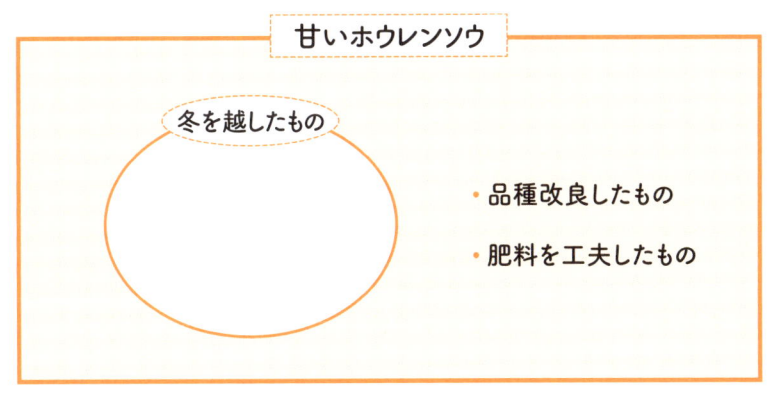

カブトムシはなぜ腐らない?

　ロジ男くんは、社会科見学で博物館に出かけました。博物館には、とても珍しいというカブトムシの標本が展示してありました。

「どうして、こんなにきれいに標本にできるのかな?」

　ロジ男くんの疑問に対して、先生が説明してくれました。

先生：「普通は死んでしまうと腐ってしまうんだ。腐るっていうのは、腐らせる微生物が存在するということで、その微生物によって形を変えられてしまうことなんだよ」

ロジ男：「じゃあ、このカブトムシは微生物に負けないぐらい強いの?」

先生：「そんなことはないよ。外側の殻以外の部分はこんなにきれいに残すのは難しいんだ」

ロジ男：「微生物はとても強いんだね」

先生：「でも、微生物というのも生物だからね。生物が存在するためには水が必要なんだ」

ロジ男：「だから、カブトムシの殻は腐らずに、きれいに標本にできるんだね」

ロジ男くんが最後の結論にいたるには、情報が1つ足りません。その情報は何かを考えて、下の空欄に書いてください。

_____

_____

カブトムシの殻は乾燥していて、微生物が存在できない。

解 説

　会話というのは、文章を読むのにくらべて何倍ものスピードで情報を処理していかなくてはいけないので、論理的に破綻している主張に気づかないことが多いものです。その点を悪用してくる人たちもいるので注意が必要です。

　会話なので多くの情報が入り乱れていますが、整理をしていきましょう。

　「腐るっていうのは、腐らせる微生物が存在するということで、その微生物によって形を変えられてしまうことなんだよ」という先生の言葉は、

　　A：腐る

　　B：微生物が存在する

とすると、「AならばB」ということです。

　これは別の方向から見ると、「BでないならばAではない」と言い換えることも可能なので（詳しくは第4章参照）、「微生物が存在しないならば、腐らない」というのと同じ意味だと考えることがで

きます。

　よって、「カブトムシの殻が腐らない」ための条件とは、すなわち「カブトムシの殻に微生物が存在しない」ための条件を考えればよいということになります。

　ここで、「でも、微生物というのも生物だからね。生物が存在するためには水が必要なんだ」という言葉は、

　C：水が存在する

とすると、「BならばC」ということです。

　これは、先ほどと同様に、「CでないならばないならばBではない」と言い換えることが可能なので、「水が存在しないなら、微生物は存在しない」というのと同じ意味だと考えることができます。

　つまり、「カブトムシの殻に微生物が存在しない」ための条件は、「カブトムシの殻に水が存在しない（＝乾燥している）」ことだとわかるのです。

この章のまとめ

　第3章では、100パーセント正しいことを示しているかのように述べられている「理由」が、実はスキだらけだったり、足りなかったりする事例を見てきました。

　有名な問題に「臆病な犬はよく吠える。うちのポチはよく吠える。だからうちのポチは臆病だ」というものがあります。

　（1）「臆病な犬はよく吠える」はどれくらい正しいのか。

に気づいた方は、第3章をしっかり理解できています。

　（2）「ポチ」が犬かどうかはわからない。実はトラかも。

に気づいた方。思い込みを排除できています。

　世の中には、これぐらい誘導力のある「だまし文」が氾濫しているので気をつけましょう。

　最後に、「理由が妥当である」ことについて考えてみましょう。AだからBだという主張が100パーセント正しいかどうかという判断は、この章の問題にあったように小学生でもできます。しかし、実際の社会では「100パーセントではないけれども、まあ受け入れら

れる」というものと、「ごく少数の同意は得られるだろうけれど、普通は受け入れられない」というもののあいだを曖昧な線で区別して、「妥当か妥当でないか」という判断が下されています。

たとえば、「君は部屋のそうじをするべきだ。なぜなら、私は汚い部屋を見ると気分が悪くなるからだ」という主張を考えてみましょう。確かに、「君の汚い部屋を見ること」と「私の気分が悪くなること」のあいだには因果関係があるようです。しかし、「妥当である」と評価する人は少ないのではないでしょうか。非常に個人的な価値基準が根拠となっていて、しかも、その価値基準に共感する人が少ないからでしょう。ですから、多くの人は「君は部屋のそうじをするべきだ。なぜなら、気分が悪くなるからだ」などと表現することで、あたかも気分が悪くなるのが「君」だったり「多くの人々」であるかのような印象を与えようとするのです。

人は、理由まで付けて意見を表明するとき、その意見を通したい、同意してもらいたいという思いが強くなっています。数学などを別として、世の中に100パーセント正しい論証などないにもかかわらず無意識に、あるいは意図的にそのような印象を与えようとしてしまうものなのです。

100パーセント正しいものではないからダメだ、ではなく、どれくらいのスキを持った論であるのかをできる限り具体的に把握しておけば、相手の疑問やその後の状況の変化にも迅速に対応できるようになることでしょう。

ロジ男：「ロジ子ちゃんの住んでいる町はとてもいい所だね。デパートもあるし、遊園地も近いし、大きな駅もあるしね」

ロジ子：「そうかな。昨日なんて、もう寝ようかと思っていたら、近所で大声で騒いでいる人がいて、眠れなかったよ」

この２人の主張について、それぞれ隠れた前提を説明してください。

答え：

ロジ男：＿＿＿＿＿＿＿＿＿＿＿＿＿＿＿＿＿＿＿＿＿＿＿＿

ロジ子：＿＿＿＿＿＿＿＿＿＿＿＿＿＿＿＿＿＿＿＿＿＿＿＿

解答は111ページを参照。

強い意見を作る

反論を予測する力
（小学校5年）

「ツッコミどころ」は
ないかを考えよう

「〜である。なぜなら……だからだ。」という主張を聞いたとき、人がそれに対して抱く疑念には、「それはどれくらい本当なのか?」というものと、「答えはそれだけなのか?」というものの2種類があると言われています。

たとえば、「今日のテストの出来は悪かった。それは時間配分を間違えたからだ。」という主張に対して、前者は、「本当に時間配分のミスが失点につながったのか?」という疑問のことです。述べられた理由の妥当性に関するものです。

一方、後者は、「テストの出来が悪かった原因はそれだけなのか?勉強不足など、ほかの理由はなかったのか?」といった疑問のことです。あげられた理由が妥当であることは認めるが、さらにモレがないかという問題です。

意見が述べられている場において、受け取った側の頭に浮かんだこういった疑問は、ほとんどの場合、その場では表明されません。そして、相手からその答えが提示されずに意見の陳述が終わってしまった場合、その意見は「弱い」と判断されてしまいます。

　この章では、「自分の意見にはどのようなツッコミどころがあるのか」を検証する姿勢を身につけ、できる限り強い意見を作ることを目指していきます。

マウンテンバイクを買わない理由

　ロジ男くんは、お父さんにマウンテンバイクを買ってもらおうと
おねだりしています。

ロジ男：「……だってみんなマウンテンバイクなんだよ。ひろしだ
　　　　って、よっちゃんだって、ナベだってマウンテンバイクな
　　　　んだ。カゴのついた自転車に乗ってるのなんて僕だけだよ。
　　　　それに、いまの自転車、もう4年も乗ってるじゃないか。
　　　　ベルはきちんと鳴らなくて危ないし、背が伸びたからサイ
　　　　ズだって合わなくてこぎにくいんだ。僕と同じ4年前の自
　　　　転車に乗ってたしんちゃんだって、このあいだ新しいマウ
　　　　ンテンバイクを買ってもらったって自慢してきて、僕のは
　　　　ボロ自転車だってバカにするんだ。でも、ブレーキがすご
　　　　い音をたてるのはホントのことだから、言い返すこともで
　　　　きないんだよ。とにかく、いまの自転車じゃいやなんだ。
　　　　やだったらやだ。だいたい、お父さんだってこの前、新し
　　　　いゴルフクラブ買ったじゃないか。あれ、すごく高くて大
　　　　変だったんだってお母さんが言ってたもん。それにくらべ
　　　　たら僕の自転車なんて、たいして高くないでしょ?」

質問1： 左の文章から、ロジ男くんの主張するマウンテンバイク
を買うべき理由を抜き出してください。

(1) _____

(2) _____

(3) _____

(4) _____

(5) _____

質問2： 質問1であげたそれぞれの主張に対して、反論をできるだ
け考えてください。

_____

_____

_____

_____

_____

_____

_____

_____

質問1：

（1）みんながマウンテンバイクに乗っているから、自分にもマウンテンバイクを買うべきだ。

（2）今の自転車は古くなって不具合なところがあるから、マウンテンバイクが必要だ。

（3）同じように古い自転車に乗っていたしんちゃんは、マウンテンバイクを買ってもらった。

（4）今の自転車はボロだってバカにされていやだから、マウンテンバイクを買うべきだ。

（5）お父さんが買ったゴルフクラブより安いから、自分にもマウンテンバイクを買うべきだ。

質問2：

主張（1）に対する反論

    a. 「みんな」というのは本当か。ひろし、よっちゃん、ナベ、しんちゃんの4人だけではないのか。

    b. なぜほかの子が持っていると、ロジ男も持つべきなのか。ロジ男に買ってあげるべきかどうかは、ロジ男にとって必要かどうかを父親が検討する問題で、ほかの子どもたちにとって必要だったかどうかという話とは無関係だ。

主張（2）に対する反論

　a.　不具合は修理などによって対応できるのではないか。

　b.　新しい自転車を買うにしても「マウンテンバイク」である必要性はないのではないか。

主張（3）に対する反論

　　しんちゃんがマウンテンバイクを買ってもらった理由は、古くなったということだけか。アウトドアに出かける機会が多いなど、別の理由があったのではないか。

主張（4）に対する反論

　　ロジ男が古い自転車だとバカにされていやだということは、父親が買ってあげる理由の1つになる可能性はあるが、父親に必ず買わせる動機にはならない。欲しいからといって、危険なものを買ってあげないのと同じこと。

主張（5）に対する反論

　　なぜ父親の購入したものより安いものであれば、ロジ男は買ってもらえる権利を持つのか。もしそうなら、父親が家や車を買っていたら、ほとんどのものを買ってもらえることになってしまう。

　反論をできる限り考えることがテーマとなる問題です。ここにあげたものは、教室で子どもたちが発表してくれた反論のなかで代表的なものです。普段、家のなかで言われていることなのでしょう。ほかにもさまざまな（無茶苦茶な）反論で、おねだりを突っぱねてくれました。ここにあげられた反論をグループ分けしてみましょう。

　まずは、ロジ男くんがあげる「マウンテンバイクを買うべき」理由に対して、「それは本当か？」という疑問を投げかけるものです。「それは本当か？」という疑問には2つあり、「事実として嘘ではないか？」というものと、「理由として妥当か（賛成できるか）？」というものがあります。

　前者に関するものとしては、「みんなが乗っている」という主張に対して、「本当にみんなか？　ごく近しい友だちだけではないか？」という（1）の反論a.があげられます。また（2）に関しても、ロジ男くんは「不具合は新しいマウンテンバイクを買うことでのみ解決できる」という主張をしていますが、「解決法がそれしかないというのは本当か？　修理やほかのタイプの自転車の購入でも解決できるのではないか？」という疑問点が残っているわけです。

　後者に関するものとしては、（1）の反論b.「みんなが持っているものだから、自分も持つべきだ」という主張に対して、「その論理には賛成しかねる。そうではない事例はほかにも多くある」という反論があげられます。（4）、（5）に対する反論も同様です。

　実は、「AだからB」だという主張には、多くの場合、反例（そうではない事例）をあげることができます。世の中、100パーセントそうだと言えることはそうはないのですから、当然です。ですから、「AだからB」だという意見を認めてもらうには、相手がどのような反例を持ち出すかを予想して、再反論を用意しておくことが大切です。そうすることで、より一般的な、つまり反例の少ない妥当な論理だという評価を獲得できるようになるのです。

　さらに、「理由は本当にそれだけか?」という疑問もあります。(3)です。「しんちゃんは確かに古い自転車に替えて新しいマウンテンバイクを買ってもらったようだが、それまでと同じタイプの自転車ではなく、わざわざマウンテンバイクを購入した理由は、ほかにもあるのではないか?」というものです。いくつかの原因が積み重なり、条件が整ったことによる結果であるにもかかわらず、そのうちの1つだけが結果を生じさせたと述べてしまうことは、分析が甘かったと指摘されても仕方がありません。また、意図的にこういった述べ方がされている場合も少なくないので、気をつける必要があります。

　自分の意見を述べる前に、これらのような視点で点検してみると、「妥当性が高い」という印象を相手に与える「強い意見」を作ることができるようになるでしょう。

アメリカと日本の券売機

　ロジ男くんは家族でアメリカに旅行に来ています。初めての海外旅行で、見るものすべてが新鮮です。

　地下鉄に乗ろうとしたとき、ロジ男くんはアメリカの券売機がまるで鉄の箱のような地味な形をしていることに気づきました。そこで、お父さんに聞いてみました。

> ロジ男：「アメリカの券売機は、日本のように大きな画面やプラスチックの説明板がついていないんだね。なんだかとても頑丈そうだね」
>
> お父さん：「そうだね。日本の券売機と違って、鉄の箱にボタンがついているだけだね。実際に、日本のものよりも頑丈に作ってあるんだよ。なぜ、アメリカの券売機がこんな造りになっているか、わかるかな?」
>
> ロジ男：「わからないや」

　ロジ男くんがそう答えると、お父さんが次のような説明をしてくれました。

(1) 「日本の電車の切符のシステムは、乗り換えなんかがあってとても複雑だから、わかりやすい説明が必要なんだ。だから大きな画面を使ったり、見やすいカラフルな説明板を用意したりしないといけないんだ」

(2) 「それに、日本の券売機に使われているような大きな画面やプラスチックの説明板は、とても壊れやすいんだ。だから、ほとんどの外国ではアメリカのように頑丈に作ってあるんだよ」

(3) 「そして、なんと言っても日本人はあらゆるものを工夫して、改良することが得意だからね。お金を入れて、ボタンを押す券売機はもともとアメリカで発明されたんだけど、日本でより進化したんだ」

　ロジ男くんは、お父さんの3つの説明それぞれに疑問を持ちました。それはどのような疑問点でしょうか。説明してください。

(1) _____

(2) _____

(3) _____

(1) 論理の誤り：

　　日本の券売機が大きな画面やプラスチックの説明板を備えている理由は、アメリカの券売機がそれらを備えていない理由にはならない。

　　「AならばB」の真偽は、「Aでないならば、Bではない」の真偽とは必ずしも一致しない。

(2) 論理の飛躍：

　　「壊れやすいものは、外国の券売機には使えない」という話には、論理の飛躍がある。「外国では壊されやすい」という点の解説が必要。

(3) 論点のずれ：

　　アメリカの券売機の形態と日本人の性質は無関係である。「本筋とはずれた内容で雰囲気作りをする」というごまかし論法の典型。

解 説

　Step8で見たものよりも、複雑で一見気づきにくい「論理の穴」を探す練習です。

（1）第3章で学んだ内容をより詳しく考えます。

Step6の（5）で、「カレー好きはヨーグルトが好きだ」が正しいとしても、「ヨーグルト好きはカレーが好き」とは限らないという例を見ました。

「AならばB」が正しいとしても、「BならばA」が正しいとは限りません。「AならばB」に対して、「BならばA」のことを「逆」と呼びます。逆は必ずしも正しくありません。

さらに「AでないならばB、ではない」（「カレー好きでないならば、ヨーグルト好きではない」）も正しいとは限りません。「カレー好きはヨーグルトが好きだ」には、カレーが好きではない人についての言及はありません。カレーが好きでない人のなかにもヨーグルトが好きな人がいる可能性は残されています。「AでないならばB、ではない」は「AならばB」に対して「裏」と呼ばれます。お父さんの説明は、「日本の券売機は大きな画面やプラスチックの説明板がついている」なら「日本のものではない（＝アメリカの）券売機は大きな画面やプラスチックの説明板がついていない」となっているのです。

「AならばB」が正しいとき、必ず正しいものもあります。「BでないならばA、ではない」（「ヨーグルトが好きでないならば、カレーも好きではない」）というものです。カレー好きは全員ヨーグルトが好きなはずですから、これが常に正しいことは明らかですね。これを「AならばB」に対して「対偶」といいます。

「AならばB」を根拠として、その「逆」や「裏」などがあた

かも100パーセント正しいかのように主張されていることは少なくありません。主語が変化しているときには気をつけてチェックすることが大切です。

「逆」「裏」「対偶」の関係については、下の図を参照していただけるとわかりやすいでしょう。

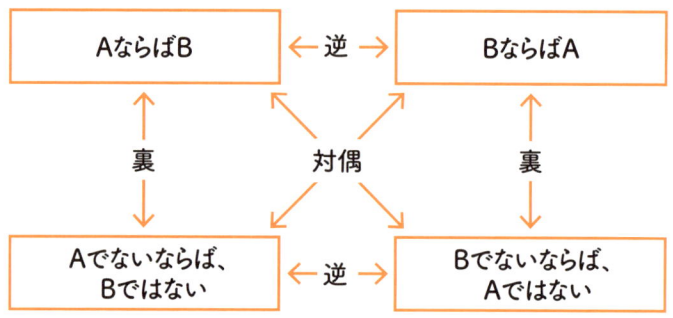

(2)　少し難しい問題でした。「論理の飛躍」という問題は、話している相手との共通認識の内容によって大きく変わってくるからです。

この問題では、「外国で壊れやすい券売機を置くと、実際に壊されてしまう危険性が非常に高い」という説明が不足しているものと考えました。外国の事情について詳しくない人にとっては考えが及ばない事実なので、これを示しておかないと、「大きな画面やプラスチックの説明板を備えた券売機は壊れやすい。だから、外国では駅などの公共スペースには置けない」という主張は、根拠が不明瞭なものと捉えられるでしょう。

　　ただし、「外国は日本と比べて治安が悪く、公共スペースに商品や現金が入っている壊れやすい機械を置いたりすれば、当然、壊される可能性が高い」という認識を共有している相手ならば、省略されても問題ありません。

　　しかし、発信する側が「当然、共有しているだろう」と考えて省略したとしても、多くの場合、それは過度な期待であり、後の「認識の違い」によるトラブルの原因になることも多いものです。論理展開に必要となる情報は、できる限り示しておくのが安全です。

(3)　　一番めちゃくちゃですが、最もよく遭遇する誤った主張の形です。アメリカの券売機が地味な理由を尋ねられて、「日本のほうが進化した形なんだ」と答えています。

　　聞かれたことに答えず、周辺情報をことさらに強調するというのは、議論の核心についての意見の表明を避けることで、非難されることから逃げる、そして、自信のある（＝事実である）情報を発表することで、議論に参加し、何か価値のある発言をしたかのような雰囲気を作るという効果があります。こういった主張を見分けていかなければ、かみ合った議論が成立せず、無意味な時間が過ぎていってしまいます。

　第4章で学んだ内容を表すのにぴったりな「クリティカルシンキング（critical thinking)」という言葉があります。「ロジカルシンキング」と同じように、1つの思考体系を表す言葉で、直訳すると「批判的な思考」となります。

「批判的」というと、あまり良い印象を受けない方が多いかもしれません。そもそも、この本の主題である「ロジカル＝論理的」という言葉でさえ、ともすれば「何か小難しい、頭でっかちの、うっとうしい口先の技術」という印象をもって受け止められてきました。実際、「ロジカルシンキング」が登場したばかりの頃、そのような技術によって相手を言い負かすことにばかり目が行き、結果、周囲の人に嫌な思いをさせてしまう人が少なくなかったことも事実です。

　ここで言う「批判的な思考」とは、相手のあら探しをして、文字通り「批判する」ことを目的とするものではありません。「複雑な内容だが、正確に伝えたい」「大量の情報が目の前にあるが、理解したい」「不確実な未来に関して、できる限り可能性の高い判断を下したい」といった、誰もがぶつかり、悩む場面で助けてくれる武器の1つなのです。

　この本に書かれている思考技術が最も高尚であり、第一に尊重されるべき結果を導くものだと考えるのは間違いです。何かミスをし

たときには、理由を分析するよりも先に、まず大きな声で「申し訳ございません」と謝罪し、頭を下げる姿勢が重要なのは世界共通です。「ロジカル」であろう、「クリティカル」であろうというのは、こういった姿勢を否定し、冷たい機械的な人間になろうということではありません。

この章で学んだように、常に広い視野をもって「本当に正しいのか」「どれくらい正しいのか」「見落としている点はないか」「誤解を生むスキはないか」についてアンテナを張り巡らしておくこと。それこそが「批判的」の意味するところであり、お互いの認識のズレに気づかずにコミュニケーションを取り続けるという「機会と時間の損失」から身を守ってくれるものなのです。

➡Next Step

　学習塾ロジムは毎週金曜日はお休みですが、金曜日が祝日のとき
のみ、授業が行われます。そのかわり、その週は土曜日がお休みに
なります。

　このとき、次の（ア）〜（エ）のなかで確実に正しいものはどれ
でしょうか。記号で答えてください。

（ア）土曜日が休みでないなら、金曜日に授業は行われていない。

（イ）金曜日に授業が行われていないなら、土曜日は休みではない。

（ウ）土曜日が休みなら、金曜日は授業が行われている。

（エ）金曜日が祝日なら、土曜日は祝日ではない。

答え：

解答は112ページを参照。

第5章

情報を整理して提示する

効果的に伝える力

（小学校6年）

情報の「バランス」にも
配慮しよう

　最後はこれまでのまとめとして、与えられた文章をより簡潔で「論理的」であるように情報整理してみましょう。

　第4章までに学んだ、「AならばB」という主張の論理的な正しさについてチェックしていくのはもちろんのこと、相手が重要な情報を理解しやすくするために「簡潔な文章」を目指していきます。ポイントは、「情報のバランス」です。

　次の文章を見てみましょう。

　ロジ男くんは塾で行われたテストの結果が良くなかったので、その原因を考え、反省しています。

> ロジ男：「算数はミスが多かったな。全部ケアレスミスだから、次は気をつけないと。これを減らせば良い点になるんだからね。いつも30点分ぐらいミスするからな。なぜミスしてしまうかというと、テスト中にきちんと注意をして確認していないからだよな。だから次からは必ず確認するようにしよう。あと、時間配分のミスもあったな。それに、入試

> は4教科の合計点が大事なんだから、算数、国語、理科、
> 社会、全体のミスを減らさなくちゃいけないな」

(1) 同じことを何度も言い換えて提示していないか。

　　情報量をたくさん提示すれば、価値のある仕事をしたという印象を与えられるのではないか。そんな思いで、同じことをさまざまな言葉で言い換えている説明を見かけることがあります。文章でもプレゼンテーションでも、こうした情報提示は核心がぼやけ、結局「何を言っているんだっけ？」という思いを残してしまいます。

　　算数に関して、「ケアレスミスをした」ということを言葉を換えて何度も言っていますね。言い換えだけでなく、無関係な情報の羅列についても同様に削除して考えましょう。

(2) 具体例の量は偏っていないか。

　　自信のある主張に関しては、具体的な事例が盛りだくさん。自信のない主張に関してはぼやかして終わり、ということでは、全体の信憑性が疑われます。具体的な事例（想定）が思いつかないというのは、その時点で実現性の低さを表していることと同じです。

　　ごまかさずに、具体例をできる限りバランス良く提示する。具体例が乏しいのであれば、その点をしっかりと説明することが大切です。

算数に関して、ケアレスミスと時間配分のミスが、点数が良くなかったことの2つの原因としてあげられています。このうちケアレスミスに関しては、「注意不足で30点も失った」「次からは必ず確認する」と、反省内容や対策に具体性があるのに対し、時間配分のミスについては何も分析がありません。ケアレスミスと同様に「何が原因で、どれくらいの失点があり、対策はどうするか」といった具体的な内容を示すことが必要でしょう。

(3) 章・節の並びは適切か。

　　実際に「第1章の第1節」のようにまとめる必要はありませんが、文章の構造を図式化したときに、「章」の役割を担っている部分と、「節」の役割を担っている部分があるはずです。

　　この文章では、

- 算数のミスを減らす
- 4教科全体のミスを減らす

が同じ章の役割を担って並んでいます。しかし、「算数のミスを減らす」は、「4教科全体のミスを減らす」のなかに含まれるものですから、全体の構成としては右ページの図のようなものになるべきです。

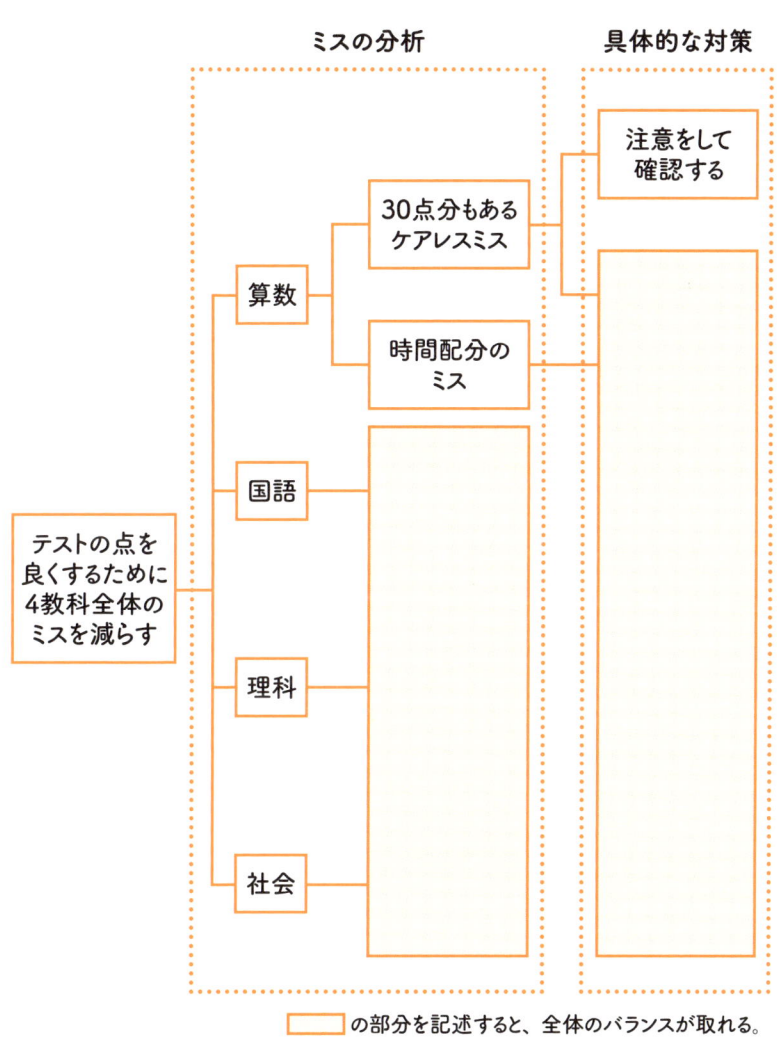

ミスの分析　　　具体的な対策

算数　→　30点分もある
　　　　　ケアレスミス　→　注意をして
　　　　　　　　　　　　　　確認する

　　　　　時間配分の
　　　　　ミス

テストの点を
良くするために
4教科全体の
ミスを減らす

国語

理科

社会

☐ の部分を記述すると、全体のバランスが取れる。

以上のような視点で、このあとの問題に取り組んでいきましょう。

ロジ男の遅刻をなくすには?

遅刻常習犯のロジ男くんに学校の先生が、「遅刻してしまう理由とその解決策」について話しています。

先生:「また遅刻したのか、ロジ男。こんなに遅刻ばかりだと、授業の内容が理解できなくなってしまうぞ。このあいだの算数のテストも悪かっただろう。だいたい遅刻の多い生徒は成績も悪いものだ。一郎くんは絶対遅刻なんてしないだろう。まず、朝起きる時間が遅すぎるんだよ。子どもは8時間ぐらいの睡眠が必要なんだ。だから、少なくとも朝起きなくてはいけない時間の8時間前にはベッドに入らなくちゃ、学校に間に合う時間には絶対に起きられないんだよ。夜12時過ぎまで起きてるっていうのはダメなんだぞ。わかったか?　え、今日はちゃんと起きた?　じゃあ、なんで遅れたんだ?　準備に時間がかかったのか。準備は、前の日にしっかり終わらせておかないといけないことだな。朝起きてから、持ち物を用意したり、宿題をやったりしているんだろう。朝、あせってやると忘れ物が増えたりするし、宿題の内容も身につかないぞ。今日も体操着を忘れてたし、漢字テストの出来も悪かったじゃないか。お母さんが言っ

ていたけれど、毎日遅くまでテレビを見ているんだってね。いいか、遅刻をなくすには早く寝ることが大切なんだ。だからテレビではなく、本を読んだほうがいいよ。本を読めば頭が良くなるからね。あと、早く起きて家を出ても君は登校途中に寄り道してるだろう。先生は知ってるんだぞ。コンビニに寄ったりして遅刻してるじゃないか。それは学校の規則で禁止されてるんだからな。このあいだなんて、学校帰りにも寄り道しているのを見たぞ。まったく。マンガの立ち読みばかりしてるから成績が悪いんじゃないのか。早く帰って、お手伝いでもしなさい。そして、すぐに宿題に取りかかる。そして、持ち物の準備をする。前の日の過ごし方が大切なんだ。そうすれば、朝ごはんを食べる時間も作れるだろう。朝ごはんを食べる時間がないから、頭がぼーっとして、このあいだみたいに体育の時間にケガをしたりするんだ」

質問1：　先生の発言で、「遅刻してしまう理由とその解決策」を伝えるのに不必要な部分を線で消して、できる限り短い文章にしてください。

質問2：　先生の考える遅刻の理由を大きく2つに分けてください。

(1) _____

(2) _____

質問3： 先生のあげている解決策を答えてください。

_____

_____

_____

_____

Step 11：解答

質問1：

❶~~「また遅刻したのか、ロジ男。こんなに遅刻ばかりだと、授業の内容が理解できなくなってしまうぞ。このあいだの算数のテストも悪かっただろう。だいたい遅刻の多い生徒は成績も悪いものだ。二郎くんは絶対遅刻なんてしないだろう。~~ まず、**朝起きる時間が遅すぎるんだよ。子どもは8時間ぐらいの睡眠が必要なんだ。だから、少なくとも朝起きなくてはいけない時間の8時間前にはベッドに入らなくちゃ、学校に間に合う時間には絶対に起きられないんだよ。**

❷~~夜12時過ぎまで起きてるっていうのはダメなんだぞ。わかったか？ え、今日はちゃんと起きた？ じゃあ、なんで遅れたんだ？~~ **準備に時間がかかったのか。準備は、前の日にしっかり終わらせておかないといけないことだな。**❸~~朝起きてから、持ち物を用意したり、宿題をやったりしているんだろう。~~❹~~朝、あせってやると忘れ物が増えたりするし、宿題の内容も身につかないぞ。今日も体操着を忘れてたし、漢字テストの出来も悪かったじゃないか。お母さんが言っていたけれど、~~ **毎日遅くまでテレビを見ているんだってね。**❺~~いいか、遅刻をなくすには早く寝ることが大切なんだ。~~❻~~だからテレビではなく、本を読んだほうがいいよ。本を読めば頭が良くなるからね。あと、~~ **早く起きて家を出ても君は登校途中に寄り道してるだろう。**❼~~先生は知ってるんだぞ。コンビニに寄ったりして遅刻してるじゃないか。それは学校の規則で禁止されてるんだからな。~~

~~❽このあいだなんて、学校帰りにも寄り道しているのを見たぞ。まったく。マンガの立ち読みばかりしてるから成績が悪いんじゃないのか。~~ 早く帰って、~~❾お手伝いでもしなさい。そして、~~ すぐに宿題に取りかかる。そして、持ち物の準備をする。 ~~❿前の日の過ごし方が大切なんだ。~~ ~~⓫そうすれば、朝ごはんを食べる時間も作れるだろう。朝ごはんを食べる時間がないから、頭がぼーっとして、このあいだみたいに体育の時間にケガをしたりするんだ。~~

質問2：

（1）起きるのが遅い。

（2）起きてから学校に来るまでが遅い。

質問3：

（1）起きるのが遅い。

→ 深夜のテレビをやめて起床の8時間前には寝る。

（2）起きてから学校に来るまでが遅い。

→ 前日に準備を済ませておく。

→ 寄り道をしない。

解 説

1. まずはこの文章のテーマとなる「遅刻してしまう原因とその解決策」とは関係のないものを消していきましょう。

❶また遅刻したのか……

「遅刻することで、成績に影響が出る」ことについて話しています。「遅刻の原因と解決策」ではありません。

❹朝、あせってやると……

朝、その日の準備をすることは、遅刻の原因となっていることは確かですが、この文章は「遅刻以外の原因にもなる」という話題に脱線しています。

❻本を読めば頭が良くなるから、テレビより本がいい

テレビは「深夜まで起きている」という遅刻の原因を引き起こしていますが、この文章は「本」がその解決となるとは言っていません。

❽学校帰りにも寄り道をしていた

朝の寄り道は遅刻の原因ですが、帰りの寄り道は規則違反の例と成績が悪い原因としてあげているので、遅刻の話題ではありません。

❾お手伝いでもしなさい

　これも遅刻とはまったく関係のない話です。

⓫朝ごはんとケガについて

　朝ごはんを食べていないようですが、これが遅刻の原因とされているのではなく、体育の時間のケガの原因とされていますので、無関係な情報と言えます。

　次に、同じことのくり返しを消していきましょう。

❷夜12時過ぎまで起きているというのはダメ

　これは、直前の文章を言い換えただけです。起きるべき時間が明らかで、必要な睡眠時間も示しているので、計算した結果を再度述べているだけであり、削ることができます。

❸朝起きてから持ち物の用意と宿題をやっている

　これは、直前の「前の日に終わらせていない準備に、翌日、時間をとられている」という指摘をより詳しくしただけの内容です。削ることができます。

❺遅刻をなくすには早く寝ることが大切

　すでに原因としてあげられた「寝るのが遅い」ということを言い換えたものです。

❼コンビニに寄り道をしている

「登校途中に寄り道をしている」という遅刻原因の指摘をより具体的に言い換えたものです。

❿前の日の過ごし方が大事

「前の日に準備を終わらせておくことが大事」というすでに指摘した内容です。

残ったものを整理すると質問2、3の答えが導かれます。

① 朝起きる時間が遅い。

② 起きる時間の8時間前には寝ないといけない。

③ 前の日にやっておくべき準備をせず、翌朝、それに時間がかかっている。

④ 深夜までテレビを見ている。

⑤ 登校途中に寄り道をして遅刻をしている。

⑥ 学校が終わったら早く帰って宿題・持ち物チェックをするべき。

2. 質問2、3は、ほぼ同時に答えられるものです。

　　①、③、⑤が「遅刻」の直接的な原因です。質問は大きく2つに分けると指示していますので、①が起きるまで、③、⑤が起きたあとという形で分類しました。

教室では、①、③を前日の不注意、⑤を当日の不注意と分類してくれた生徒もいました。もちろん、それも正解です。

3. ②は①の解決策です。
　　④は①の解決策である②を妨げる要因です。これを排除することで②が実現します。
　　⑥は③の解決策です。
　　⑤の解決策は、その否定そのもので「寄り道をするな」となります。

　　先生の話の骨子を図にすると、以下のようになります。

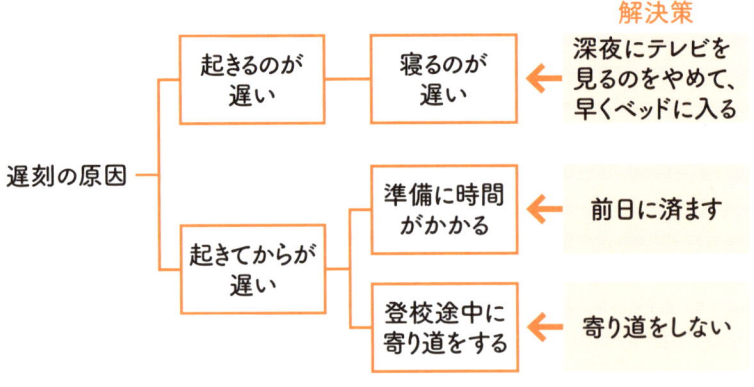

　　これらを整理して会話文にすると、次のようになります。

「遅刻の原因は大きく分けて2つあるね。1つは起きるのが遅いことで、もう1つは起きてからが遅いんだ。起きるのが遅いのは、寝るのが遅いせいだ。毎日深夜までテレビを見ているのをやめて、起きる時間の8時間前にはベッドに入ろう。起きてからが遅いのは、朝、準備に時間がかかっていることと、家を出発してから寄り道をしているせいだね。準備は前の日に学校から帰ったらすぐに済ませておこう。そして、寄り道は絶対にしないこと!」

これは、5年生の生徒の解答です。

ダイエットの方法はいくつある?

> 次の文章を読み、足りない情報は何かを考えて文章化し、適当な
> 位置に挿入してください。

　現代の日本では、多くの人が「やせたい」という願望を持っている。老若男女を問わず、多くの人が競うようにしてダイエットにはげんでいるわけだが、私なりには、ダイエットの方法は、大きく以下のように分けられるのではないかと思う。まず、そもそも身体が吸収するカロリー(エネルギー量)を減らすことだ。口からとる栄養の量を減らしたり、食べてもカロリーを吸収しにくいようにするのだ。また、身体が使うカロリーを増やすこともあげられる。スポーツ選手が食べる量が多いのに太らないのは、カロリーを使いやすい体質になっているからだ。ほかにも、身体のなかにある脂肪を物理的に取ってしまうという方法もある。不必要な脂肪を切除するという手術があるのだ。聞くと「なんだ、そんなことなら知ってるよ」という内容ではある。まさしくダイエットとは、理屈の上ではだれでもできるものなのである。

で始まる文章の前に、以下の1文を入れる。

　上から7行目の「スポーツ選手が……」で始まる文章の前に、「運動をしてカロリーを使ったり、筋肉をつけてカロリーを使いやすい身体にするのだ。」などを加える。（これ以外でも「カロリーを使う」ことの具体例があげてあれば正解）

解説

　まず、「そもそも身体が吸収するカロリー（エネルギー量）を減らすことだ。口からとる栄養の量を減らしたり、食べてもカロリーを吸収しにくいようにするのだ」という記述に関して考えます。ここでは、「身体が吸収するカロリーを減らす」というダイエット方法をあげ、その具体策として、

　①口からとる栄養の量を減らす

　②食べてもカロリーを吸収しにくいようにする

という2つを提示しています。この内容を図にすると、以下のようになります。

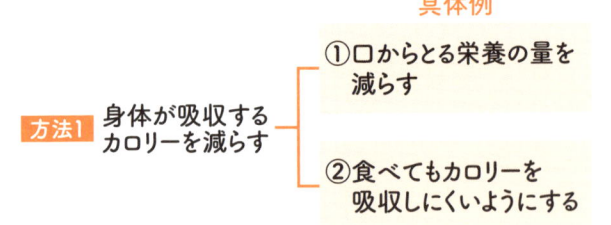

　次の文は、「また、身体が使うカロリーを増やすこともあげられる」となっています。2つの「具体的な」ダイエット方法です。この具体性は、前の「そもそも身体が吸収するカロリー（エネルギー量）を減らすことだ」と同じです。よって、ここまでの内容を図にすると以下のようになってしまいます。

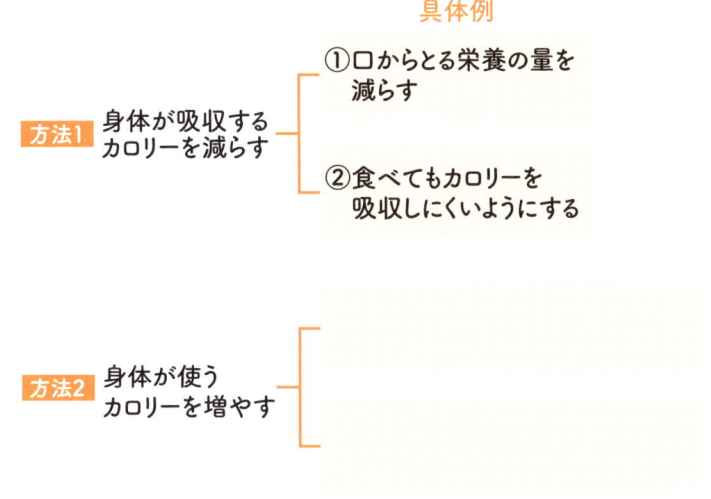

具体例

方法1　身体が吸収するカロリーを減らす
①口からとる栄養の量を減らす
②食べてもカロリーを吸収しにくいようにする

方法2　身体が使うカロリーを増やす

　方法2について、具体例が示されていないので、文章全体のバランスが悪くなっています。①、②と同じように具体的な例があげられるべきです。よって、

　③運動をしてカロリーを使う

　④筋肉をつけてカロリーを使いやすい身体にする

などが適当でしょう。

スポーツ選手の話題は、①、②と比べると具体的すぎます。③と④をあげた上で、④を補足する話題と考えるべきでしょう。これに対応させるべく、②の事例として「黒烏龍茶を飲む」などを書き加えた生徒もいました。

　方法3まで含め、図にまとめます。

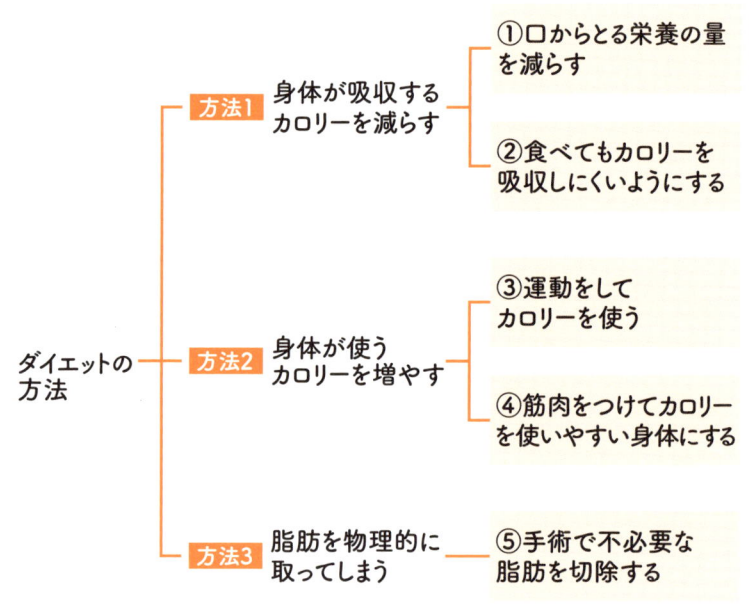

　方法1、2、3は、第2章で学んだ「分解する」技術から出てきたものです。

（A：既にある体重）＋（B：増える体重）－（C：減らす体重）
　＝新たな体重
です。「新たな体重」を減らすにはAとBは減らし、Cは増やすことを
目指します。
　Aを減らすのが方法3、Bを減らすのが方法1、Cを増やすのが方法
2となっています。

この章のまとめ

　質の高い（＝相手に納得感を持ってもらいやすい）主張をするためには、「相手は考えているが、自分は考えるのを忘れていた」という思考のモレをなくすことが重要だということは、第4章で学びました。「モレなくダブりなく」という言葉もありますが、実は、「モレ」なく考えることは、「ダブり」をチェックすることの何倍も難しい作業です。「いま考えるべき関連事項は何か」というのは、経験に大きく頼ることになるからです。第2章で学んだ「分解」の技術がそれに当たるのですが、普段から「目の前の結果はどのような要素から成り立っているのか」を考える習慣を身につけることが大切です。

　とても難しい「モレのない思考」に対して、すぐに技術が高まるのが第5章のStep11で学んだ「無関係な情報を排除し、ダブりをチェックする」というものです。ダブりなく簡潔に表現された文章は、簡単に図に落とし込むことができます。図に整理してみると、同じ役割、同じ内容のものが簡単に見えてきますので、「とりあえず集められた意見」を整理するときには、ぜひ活用してもらいたい手法です。

➡Next Step

　次の文章を読んで、質問1、2に答えてください。

「趣味はなんですか?」と聞かれれば、多くの人がスポーツと答えるでしょう。日曜日に公園に行けば、ボールを投げたり、ラケットを振ったりと、思い思いに身体を動かす老若男女を目にすることができます。そんななかでも、特に人気があるのがランニングではないでしょうか。実際、街なかでは多くの人たちが走る姿を見かけます。ランニングが人気を集めている理由はいくつかあると思います。まず、幅広い人たちが楽しめるというのが大きいでしょう。若い人から年配の人まで、それぞれが楽しんでいます。したがって、男性でも女性でも、同じ大会で区別なく楽しむことができます。基本的にシューズ以外の道具はいらないので、どこでも気軽に楽しめますし、特別なトレーニングも必要なく、だれでも気軽に始めることができます。ほかにも、準備が少なくてすむというところも大きな理由でしょう。さらに、ランニングは足腰を鍛えられるだけでなく、有酸素運動で心肺機能なども鍛えられるので、健康維持にも適しています。

質問1:問題文のなかに、接続詞の誤りが1カ所あります。訂正してください。

行目の

という文章の、 →

質問2:問題文のなかに、挿入位置が間違っている1文があります。正しい位置に戻してください。

行目の

という1文を、 行目の

で始まる文章の前に入れる。

解答は113ページを参照。

→ Next Step の答え

第1章

答え （オ）

> ### 解 説

主張を分解してみると以下のようになります。

つまり、主張は2つあり、2つの原因に対して、

A：人口を減らすことは無理である

B：小学校を増やすことは可能である

というものです。そして、5つの選択肢のうち（イ）、（エ）はAに対する反対意見、（ア）、（ウ）はBに対する反対意見です。

　しかし（オ）は、いずれの主張に対する「反論」でもありません。一般論としては肯定される意見ではありますが、「クラスの生徒一人ひとりに目が行き届いていないことが問題である」という主張を言い換えただけのものです。

第2章

答え　21日以上かかる

解説

　10羽のカモ×10日分の作業を5羽にやらせたら何日かかるか？単純に算術的に考えれば、10×10÷5＝20と計算され、20日で作業は完了しそうですが、実際にはそうはいきません。

　A÷Bの答えに関して、Aが固定で、Bが半分になれば、たしかに答えは2倍になります。しかし、問題の状況を分解すると、

（元の雑草の量 ＋ 1日に伸びる雑草の量 × 10日）
÷（1羽が1日に食べる雑草の量 × 10羽）＝ 10日

です。

　今回、Bは（1羽が1日に食べる雑草の量×10羽）が（1羽が1日に食べる雑草の量×5羽）となって半分の値になりますが、Aは固定ではありません。明らかに10日以上かかるので、伸びる雑草の量は10日以上分になり、Aの値は増加するのです。

　Aは増加、Bは半分になるのでA÷Bの値は2倍以上、つまり21日以上かかることになります。作業全体にかかる時間が延びれば延びるほど、雑草も伸びるので、全体として処理しなくてはならない量も増加してしまうのです。

第3章

答え　ロジ男：いい町とは便利な町である。
　　　　ロジ子：いい町とは静かな町である。

解 説

　日常の何気ない会話のなかでは、重要な前提を省略している場合が数多くあります。特に、個人的な価値基準に基づく前提は省略される傾向が強いと言えるでしょう。この2人の会話は違いますが、あえて意図的に省略することで、あくまで一般的、普遍的な前提に基づいているかのように相手に思わせる効果もあります。

第4章

答え（ア）

解説

「毎週金曜日がお休み」は、「毎週金曜日だけがお休み」ではない
ことに注意します。

「AならばB」が正しいとき、確実に正しいのは「Bでないなら、A
ではない」という「対偶」のみです。今回は、

　A：金曜日に授業がある
　B：土曜日が休み

という構図です。

（ア）　対偶＝「Bでないなら、Aではない」なので、常に正しいと
　　　　言える。

（イ）　裏＝「Aでないなら、Bではない」なので、常に正しいとは
　　　　言えない。金曜日が祝日ではなく、通常どおり授業がお休み
　　　　の場合でも、ほかの理由で土曜日も休みになる可能性は残さ
　　　　れている。

(ウ)　逆＝「BならばA」なので、常に正しいとは言えない。土曜
　　　日は、金曜日が祝日で授業が行われたときのみ休みになると
　　　言っているわけではない。

(エ)　金曜日が祝日であるかどうかは、土曜日が祝日であるかどう
　　　かとは無関係。

第5章

答え

質問1：

　上から8行目の、「したがって、男性でも女性でも、同じ大会で
区別なく楽しむことができます。」という文章の

　「したがって」→「また」

質問2：

　下から4行目の、「ほかにも、準備が少なくてすむというところ
も大きな理由でしょう。」という1文を、下から7行目の、「基本的
にシューズ以外の道具はいらないので……」で始まる文章の前に
入れる。

質問1:

「幅広い人が楽しめる」というランニングの魅力について、より具体的に2つの例があげられているというのがここの部分の構成です。その2つの具体例とは、

　　A：若い人から年配の人まで楽しめる
　　B：男性でも女性でも楽しめる

というものです。AとBは並列ですので、「また」となります。

質問2:
　　シューズ以外の道具がいらない
　　特別なトレーニングが必要ない

という2つは、ともに「準備がいらない」という魅力のより具体的な説明です。

「ほかにも」という接続詞は、出題の文章の位置だと「シューズ以外の道具がいらないこと」と「特別なトレーニングがいらないこと」に加え、「準備がいらないこと」が魅力だとなってしまいます。本来、この「ほかにも」は「幅広い人が楽しめるという魅力に加えて」という意味で使われています。

修正後の文章の構造を図に表すと、次のようになります。

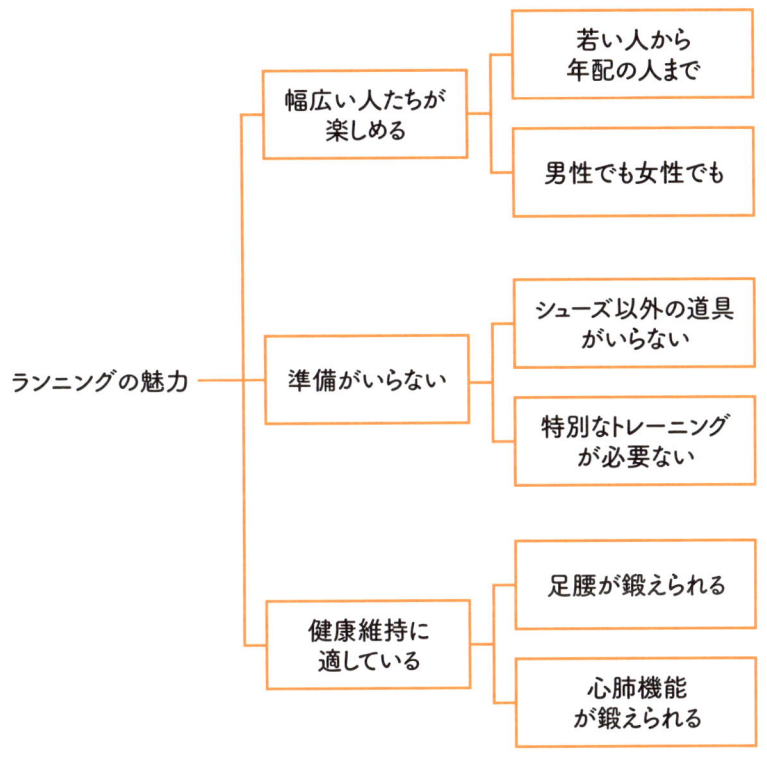

ロジカルシンキングは「失敗」で磨かれる

　私が、子ども向けの教室の開講を思い立ったのは、「失敗できる環境を作ってあげたい」という考えからでした。「ロジカルシンキング」の技術は、あいまいな伝達による伝えたい内容の取り違えを避けるために生まれた生活の知恵であり、前例のない問題でも生活のために切り開いていかなければならない人々の生命線です。これは、子どものころから、身の回りのさまざまな問題、出来事への対処の経験から身につけていくものです。

　この経験とは、「失敗」の経験です。伝えたいことが伝わらなかった。相手の伝えたいことを取り違えた。戸惑っているうちに先を越された。そんな「失敗」を経て、効率の良い手法と姿勢を身につけていくのです。この本を手にとっていただいた方も、そういった「失敗」の経験が動機になっているはずです。

　私は、会社の研修などで短期間の指導を施したとしても、大人のビジネスマンは「失敗」をくり返して学べる環境にないと感じていました。大人というのは、ロジカルシンキングを血とし肉とするための「失敗」がなかなか許されないものなのです。そこでいきおい、形式を表

層的になぞるだけで終わってしまいがちです。

　ロジムの教室で、子どもたちはさまざまな失敗を経験しています。また、学校で友だちを徹底的にやり込めてしまって、取っ組み合いのケンカになったという話もままあります。子どもたちは、いくらでも許される失敗やトラブルを通して「ロジカルシンキングの効用と使用範囲」を体感していくのです。

　子どもたちには、「昼ごはんや遊びの選択肢を考えるところから、スタートしてごらんなさい」と指導することが多いのですが、大人の皆さんも「普段の生活のなかで」論理的に考えてみることは、とても大切な経験になるはずです。少し意識するだけで、この本で紹介したような問題には毎日のように出会えるはずです。

　遊び感覚で取り組めるこの問題集をきっかけに、身の回りの問題に果敢に、かつロジカルに取り組んでいっていただければと思っています。

学習塾ロジム塾長　苅野 進

苅野 進　Karino Shin
学習塾ロジム塾長 兼 代表取締役

東京大学文学部卒業。大学卒業後は、人事・経営戦略コンサルティング会社において社会人向けのロジカルシンキング講座などを担当。その経験から、単にビジネススキルとしてではなく、「社会性を支える基本能力」として、論理的思考を早期に身につけさせる必要性を強く意識し、2004年4月、小学生向けのロジカルシンキング講座とそれに基づく主要科目の指導を行う学習塾ロジムを設立。現在に至る。

ブログ：苅野塾長より　http://www.lojim.jp/karino/

学習塾ロジム

本格的なロジカルシンキングを取り入れた日本初の小学生向け学習塾。東京に門前仲町と代々木の2教室を開設。受験で終わらない「将来に活きる学力」を養成する教室として、ロジカルシンキング、およびそれを基礎とした科目指導を行う。2010年9月より、オリジナル通信教材「まいにちロジム」サービスもスタート。また、都内小学校や大学生涯学習課など、外部教育機関からの指導依頼も受けている。

学習塾ロジム・ホームページ　http://www.lojim.jp/

小学生からのロジカルシンキング

2011年3月8日　初版第1刷発行

著　者	苅野 進
発行者	新田光敏
発行所	ソフトバンク クリエイティブ株式会社
	〒107-0052
	東京都港区赤坂4-13-13
	電話：03-5549-1201（営業部）
執筆協力	岩沢剛明／坂原康弘／中川孔明／
	野村竜一／向井広樹（以上、ロジム専任講師）
本文イラスト	三木もとこ
デザイン・組版	大悟法淳一／石榑 隆（ごぼうデザイン事務所）
印刷・製本	中央精版印刷株式会社

落丁本、乱丁本は小社営業部にてお取り替えいたします。
本書の内容に関するご質問等は、小社学芸書籍編集部まで書面にてお願いいたします。